Esos seres tan especiales

Esos seres tan especiales

José Antonio Viarengo

www.librosenred.com

Dirección General: Marcelo Perazolo
Diseño de cubierta: Laura Gissi

Está prohibida la reproducción total o parcial de este libro, su tratamiento informático, la transmisión de cualquier forma o de cualquier medio, ya sea electrónico, mecánico, por fotocopia, registro u otros métodos, sin el permiso previo escrito de los titulares del Copyright.

Primera edición en español - Impresión bajo demanda

© LibrosEnRed, 2019
Una marca registrada de Amertown International S.A.

ISBN: 978-1-62915-439-8

Para encargar más copias de este libro o conocer otros libros de esta colección visite www.librosenred.com

Dios es eterno amor...

Agradecimientos

Quiero agradecer a Dios y al mundo de los espíritus, por mantenerme erguido cada mañana cuando comienzan mis tareas diarias, y también por ayudarme con mi paciencia, con mi tolerancia y con mi empatía, capacidades que me asisten para entender mejor el mundo de hoy.

A mi compañera de muchas batallas, amiga y escritora, que con su realidad tan diferente a la mía en su tiempo consciente, sirve de referencia a mis pensamientos cuando se trata de la toma de mis decisiones.

A mis familiares del mundo físico, que con sus opiniones y sus sugerencias proveen un camino alternativo para el mejor accionar, considerando las características de mi personalidad y las huellas dejadas por la historia de mi vida.

También a mis amigos, que con sus virtudes y con sus defectos, me ayudaron a crecer y a conocerme mejor en mi accionar social y laboral cotidianos.

Prefacio

Este libro es un gran desafío y quizás abre las posibilidades de poder escribir de un tema hermoso, que es el de las personas sensitivas y de sus capacidades especiales.

Esas personas que en algún momento de sus vidas adquieren nuevas capacidades, como resultado de un proceso de transformaciones espirituales, que de manera muy genérica llamamos sensitivas o hiperestésicas. Ellas viven una vida muy diferente, tanto en lo referido a las actividades realizadas en su tiempo consciente como a las realizadas en su tiempo inconsciente; según se trate en este último estado del sueño regular, de diferentes estados de somnolencia o del estado de sonambulismo.

Al ser personas tan diferentes en varios aspectos, necesitan de toda la ayuda posible para su integración y funcionamiento a las comunidades donde viven y donde por cierto, interactúan socialmente.

Las responsabilidades y los roles de mayor prioridad en estas situaciones son las de los familiares y las de los amigos, que son los primeros que deben entender lo que ocurre. La parte que quizás más trabajo cuesta a las personas sensitivas es la de reunir todo el coraje y la determinación para poder contar lo que les pasa y lo que ellos observan de inexplicable en sus nuevas situaciones de vida.

En algunos casos, las instalaciones de estas capacidades son rápidas, en otros son traumáticas para las personas elegidas, y a veces se terminan de producir en cortos períodos de tiempo.

En otras situaciones los cambios son lentos, casi imperceptibles para la persona misma y para sus familiares, pero de una manera inequívoca irán grabando su ser interior, su vida, sus acciones y los hábitos del individuo elegido.

En algunas situaciones, los cambios vienen instalándose desde la corta edad, en otras ocurren en la adolescencia, o en la adultez, pero casi siempre están relacionados con vivencias muy especiales de carencia, de hechos que estigmatizaron de algún modo al individuo que vivirá esa experiencia.

En el niño y en el adolescente causan incomodidad, porque a ellos les ocurren cosas que no pueden explicarse, no saben de qué se trata y no quieren comentar los sucesos vividos. Cuando en una sumatoria de esfuerzos logran hacerlo, con cierta frecuencia sus compañeros pueden llegar a segregarlos o aislarlos del grupo, considerándolo raro.

En el caso de los adultos, sienten temor de contarlo, sobre todo debido a la incomprensión que genera el tema. La gran mayoría no logra contar los eventos vividos, lo cual agrava la comunicación con los familiares y con los amigos, que terminan aceptando que es una persona rara. Eso complica aún más su vida social, aislándolos y llevándolos a veces a tomar la decisión de alejarse del seno familiar para vivir en soledad, sea por decisión propia o por presión de los familiares cercanos.

Lo relatado por ellos es que las personas sensitivas elegidas para recibir estas capacidades especiales no pueden decidir su aceptación o no; esos legados se instalarán de manera inevitable en algún tiempo de sus vidas. Ellos vivirán en un momento determinado los cambios elegidos para cada una de esas personas, de manera específica. Lo que ellos mismos recomiendan es no resistirse a esos cambios, para acostumbrarse lo más rápido posible a la nueva situación.

Si logran realizarlo, pronto tendrán mejor calidad de vida, su cuerpo se adaptará a los esfuerzos exigidos y con ello lograrán una nueva integración social.

Estos procesos exigen lo mejor de cada persona elegida, ya que las nuevas costumbres se encuentran muy lejos de los hábitos comunes de cada persona, perteneciente a una sociedad determinada.

Si tienen la oportunidad de relacionarse con otra persona que tenga también capacidades especiales, su vida será un tanto más fácil. Esto evitará los riesgos de ser considerado una persona con alteraciones mentales, a lo que los seres elegidos temen de manera constante mientras transcurre su vida terrenal.

Con sus pares pueden compartir sus vivencias, sin temor a ser juzgados por sus acciones y encuentran con el tiempo, el cable conductor que los une.

El entendimiento de la situación por parte de los familiares, los amigos y los pares es muy saludable para las personas con capacidades especiales. Ellos serán los que los contengan en sus momentos de desborde, que son frecuentes en un principio, hasta que puedan manejar de una manera amigable sus capacidades.

La experiencia de poder dialogar con seres que están en otros planos existenciales forma parte de una herencia que nos corresponde sin dudas a todos por igual, por la sola condición humana. De igual forma, la sabiduría heredada de nuestros ancestros y el conocimiento acumulado con el transcurso de milenios. Mediante la intervención de los sensitivos, que en algunos casos son mediadores o médiums, es posible captar las vibraciones que solo pertenecen a planos superiores de la conciencia, para hacerlas llegar a un plano de realidad, accesible a cualquier persona. El sentido de la transferencia es que esas vibraciones convertidas en voces o en imágenes, por medio de la ayuda de los mediadores, sean escuchadas o vistas en el mundo físico, para el bienestar y para la evolución de todos los seres humanos.

Hacia esa dirección apuntan los contenidos de este libro, que pretenden ser didácticos, con conceptos simples y claros, para que puedan ser comprendidos. Incluida en el escrito va también la convicción de alguien que conoció de cerca algunas personas con capacidades especiales, en algunos casos desde el mismo momento en que comenzó su despertar espiritual, con todas las vivencias, los hechos y las sensaciones de esos tiempos.

Espero que puedan disfrutar de este escrito, como yo lo hice cuando lo redactaba y lo corregía.

Objetivos del libro

El objetivo principal de este libro es explicar a los seres cercanos a las personas sensitivas, como lo son los familiares y los amigos, el complejo tema de las capacidades especiales y la espiritualidad de algunos seres.

Es un escrito para que los familiares de estas personas y sus amigos personales entiendan la situación que sus allegados viven y con ello, que sus vidas sean en lo posible más agradables en su paso por la experiencia humana.

Los cambios evolutivos del despertar del alma de un ser humano en estas situaciones son muy complejos y necesitan de todo el apoyo, la tolerancia, la paciencia y la comprensión de los convivientes y de las amistades cercanas.

Ya se sabe que esos cambios toman una forma particular en cada persona, y que sin dudas, alteran su vida cotidiana.

El entendimiento de la situación por parte de los familiares y de los amigos es beneficioso para que ellos se encausen hacia una vida lo más armónica y regular posible. Con ese objetivo central se han enfocado los contenidos de este libro.

Los inicios del despertar

Los inicios del despertar del alma rara vez son detectados de una manera clara e inequívoca por las personas que recibirán los legados o capacidades especiales. De igual manera, las formas o canales por los cuales reciben esos dones son muy específicos para cada ser, tal vez tenga que ver con las características personales de quien los recibirá.

Lo primero que enfrenta el ser elegido es la decisión de poder contar lo que le está sucediendo. Esto ocurre después de haber experimentado varios hechos que le han llamado la atención, cuando sabe en lo profundo que algo nuevo está sucediendo y que debe contárselo a alguien. Cuando ya no hay dudas de que algo burbujeante y a veces atemorizante está pasando en su vida, sin saber muy bien qué es ni por qué, pero que capta la atención y que lo previene al ser elegido frente a situaciones inesperadas. Ese es el momento de tomar la decisión.

Lo que le llega a la mente en primera instancia es elegir a alguien de su confianza, que también tenga las condiciones para poder escuchar y comprender con tranquilidad lo que le está pasando, sin tomar el tema con liviandad ni evitar los contactos personales con posterioridad. El ser con capacidades especiales sabe que una decisión incorrecta conlleva el posible riesgo de un completo aislamiento en el corto plazo.

Esta primera acción es siempre una decisión difícil para toda persona con tales características, pero es necesaria para lograr su equilibrio emocional y para mantener su salud mental.

Dudar en este momento sería postergar la angustia y detener el proceso evolutivo. Para que el diálogo entre ambas personas se logre, es importante, entre otras condiciones: la sensibilidad de la persona elegida, la capacidad que tenga para la captación de nuevas situaciones, el compañerismo que pueda lograrse y por sobre todo, una probada confidencialidad demostrada con anterioridad en el transcurso del tiempo precedente.

A pesar de todo lo enunciado, la elección supone siempre un riesgo, ya que una equivocación en la elección de la persona receptora de esta confidencia conduce a veces a perder o alterar las relaciones humanas existentes hasta el momento entre las dos personas. Es casi siempre un desafío cuidadoso que cada ser que recibe sus legados debe enfrentar en algún momento.

Para que estas personas puedan hablar y contarse lo que a una de ellas le ocurre y lo que la otra piensa al respecto, lo primero que ambas deben encontrar es, como en casi toda comunicación, una serie de códigos o formas especiales de la expresión, que les permitan entenderse con claridad y sin sobresaltos. Una de esas personas debe obligarse a entender y apoyar, mientras que la otra debe comprometerse a contar con su propio léxico y con detalles todas aquellas experiencias que de alguna forma pesan sobre sus espaldas, posibilitando de esta manera el proceso evolutivo.

Este accionar aliviará al ser elegido con sus crecimientos, por un lado, y por el otro, comprometerá a su compañero de equipo a generar o aportar la ayuda requerida.

Esta colaboración mutua es de fundamental importancia para el encause inicial de personas con capacidades especiales, es el sendero básico que se transformará en un sólido camino hacia la evolución del ser elegido. Lo necesita y quiere afianzarse en su nueva vida dándose una nueva oportunidad, sabiendo que no puede ni debe demorarse en su nueva situación para logar la recepción de sus capacidades.

El camino que casi siempre transita una persona para desarrollar capacidades especiales, y que luego la convierte en algún momento en un ser sensitivo o mediador, es arduo y pleno de dificultades. Por lo que se conoce, estos seres elegidos recorren con frecuencia un camino de carencias materiales así como de sufrimientos a lo largo de sus vidas, para poder llegar en algún momento a tener la sensibilidad especial que les permite a veces mediar entre el mundo espiritual y el físico.

Cuando llegan a ese tiempo, es porque ha finalizado un largo recorrido de experiencias de su alma, que le permitieron ser más consciente de su entorno y de su capacidad para asir conocimientos, mucho mayor que la que tenía en su vida anterior al despertar espiritual.

El número de personas con habilidades psíquicas detectadas en el mundo de hoy es reducido, porque las cuestiones laborales absorben casi todo el tiempo disponible de la persona y no dejan lugar para los compromisos intensos. Nuestra vida transcurre rápidamente, y por querer mostrar nuestros logros materiales, con frecuencia ignoramos lo que nuestra mente intenta contarnos.

Las habilidades psíquicas están latentes en todo ser humano, solo debemos tomar la determinación de despertarlas, pero desde luego estas cualidades no son iguales para todos. Las personas que llegan a ser mediadoras han desarrollado algunas de ellas en un grado superlativo.

Las voces que los acompañan

Es bastante frecuente encontrar personas con habilidades psíquicas, que relatan que escuchan voces que no son comunes, de seres que vienen de otros planos espirituales; a veces no se entienden muy bien las palabras, pero su sentido puede ser interpretado por la persona con estas capacidades especiales.

Esta habilidad para poder escuchar a otros seres espirituales, así como el idioma de los mundos etéreos, o comunicarse con espíritus que han sido otrora personas, se conoce con el nombre de clariaudiencia.

Los espíritus se comunican con relativa frecuencia desde grandes distancias y no encuentran dificultades para hacerlo, para ello solicitan el apoyo de un intermediario que los asista. Ellos son quienes tienen una fuerte conexión con las personas con habilidades psíquicas especiales de la categoría de mediadoras o médiums. Este procedimiento se conoce con la expresión de "caminar sobre el aura de una persona mediadora", área en la que entra el espíritu para realizar su trabajo.

En este procedimiento se logran diferentes niveles de la comunicación, dependiendo del grado o estado de conciencia que posea la persona que ha entrado en catalepsia. Si el mediador no está plenamente dormido, la recuperación de información de los hechos, luego de ocurridos, implicará cierta dificultad o será imposible de lograr.

Los espíritus tienen la necesidad de expresarse. Así que cuando una persona tiene un profundo pesar por la pérdida de un ser querido, le es muy fácil contactar con un ser espiritual y oír mensajes. No obstante, se pueden conectar de igual forma con ellos en otras situaciones diferentes a la descripta con anterioridad.

Todos tenemos alguna habilidad para percibir las voces de la otra dimensión. Un mediador es simplemente una persona más sensible que los demás, en grado superlativo.

Las voces son en la vida de una persona mediadora un acompañamiento casi constante, generalmente tienen un comienzo y un arraigo casi en el mismo momento del despertar espiritual.

En un principio suelen manifestarse como un murmullo constante, y persistente en el tiempo, dentro de la cabeza de los mediadores. Eso, junto al habitual dolor de cabeza que tienen estas personas, suele ser una de las causas de nerviosismos y pérdida de compostura. Algunos sufren los dolores y molestias de tal forma, que llegan a golpearse la cabeza contra duros objetos como una pared, para tratar de aliviarse o de olvidarse del malestar.

Con el tiempo ese murmullo doliente se va aclarando, hasta convertirse en un grupo de voces que hablan al mismo tiempo, según lo relatado por algunos mediadores; como una reunión en una gran sala, en la que todos hablan simultánea y desordenadamente.

En ese momento del crecimiento evolutivo del mediador, los dolores de cabeza comienzan a ser menores en intensidad y en extensión de tiempo, las voces no pueden todavía escucharse con claridad, pero distraen a la persona y le hacen perder casi toda la concentración en sus tareas cotidianas.

Luego de un tiempo de evolución, algunas voces sobresalen y se empiezan a escuchar con más claridad o nitidez, como si estuvieran más próximas en distancia. Finalmente y luego del tiempo necesario para cada mediador, algunas voces comienzan a escucharse con claridad y con nitidez de proximidad.

Algunas voces suelen acompañar a la persona mediadora dondequiera que ella vaya, a veces son compañía casi constante a una determinada hora del día. Otras, en cambio, son sólo acompañantes de un lugar físico determinado, como un pueblo o un lugar específico, o se manifiestan únicamente al pasar por un lugar geográfico determinado.

En algunas oportunidades, luego de un tiempo de afianzamiento, las voces comienzan a llamar a la persona mediadora por su nombre, planteándole algún tema puntual o realizándole preguntas muy concretas. También le pueden dejar algún mensaje, no siempre claro, que el mediador debe descifrar y situar en un contexto de referencia.

Puede ocurrir que luego de lo ya descripto, las voces comiencen a estar asociadas a imágenes o mensajes visuales de corta o larga duración, referentes a hechos pasados o que estén transcurriendo en el presente. Estos episodios pueden suceder a lo largo de la noche o en las horas del día, lo que modifica totalmente los horarios de la vida doméstica de la persona mediadora, y le trae complicaciones a veces muy serias, ya que sus horarios biológicos ya no serán los de antes, imposibilitándole ciertas tareas cotidianas, así como un trabajo con horario formal.

Con posterioridad las voces pueden anunciar también sucesos a futuro.

Lo usual es que la persona con capacidad mediadora quiera comprobar por los medios de que dispone —a saber: radio, televisión, prensa escrita— los hechos que le fueron transmitidos por otras vías informativas. Eso le da en el tiempo mediato cierta tranquilidad, porque constata que lo que ha escuchado se convierte en un hecho real en términos de las variables de tiempo, de lugar y de personas involucradas en la trama del acontecimiento narrado por las voces.

Luego de un tiempo, las voces se convierten en llamados inequívocos en la vida de una mediadora, se dirigen puntualmente a su persona, y llegan a ella sin importar el lugar en el que se encuentra, ni la actividad que está realizando, ni la hora del día que está transcurriendo.

Es frecuente y visible observar a las personas mediadoras en ese tiempo girar su cabeza en la búsqueda de una voz que la llama por su nombre, sin encontrar persona alguna en el lugar. Este hecho introduce en la vida de esa persona una variante de distracción poco común, que la expone o la hace susceptible a riesgos cotidianos de su vida social, que por cierto son desconocidos por las personas que no poseen esa capacidad especial.

Con habitual certeza se cambian los biorritmos de estas personas médiums, y solo una fuerte convicción religiosa, la confianza en su espíritu guía, la ayuda que da la comprensión familiar, el apoyo incondicional de los amigos, o sus propios valores sociales evitan el colapso y el desequilibrio.

Son realmente experiencias muy duras, que exigen lo mejor de cada persona para poder evolucionar y poder cumplir con los propósitos que le han sido asignados.

Las imágenes que reciben

Algunas personas poseen la habilidad psíquica para comunicarse con el mundo espiritual o con cualquier entidad que no posea forma física alguna. Con relativa simplicidad pueden ver personas, objetos materiales; pueden percibir imágenes. De una manera muy genérica, a esta capacidad se la llama clarividencia.

Los mediadores del mundo de hoy trabajan usando la mente como receptor, relevando, evaluando, y a veces analizando la información que les llega de mundos o dimensiones diferentes a las cotidianas.

Las personas que poseen la capacidad de la videncia pueden ver a los espíritus, estando conscientes en algunos casos, y en otros, en cambio, solamente dormidos o en algún estado de somnolencia. A veces necesitan entrar en un estado especial, y deben concentrarse fuertemente para lograrlo. Ven el mundo esotérico, y a veces entran en confrontación con los espíritus que representan el mal.

Los mediadores más eficaces pueden invocar o evocar a las entidades por simple mención de sus nombres; algunos pueden lograr que un determinado espíritu ocupe su cuerpo y pueda así manifestarse físicamente. Solo admiten en su cuerpo el alma de otra persona.

Es posible que el comienzo de las imágenes sea un complemento, que ayuda y a veces sucede al surgimiento de las voces. En un principio se visualizan en la mente, como grandes manchas de colores vivos y brillantes, ancladas a algo o a alguien en particular.

Luego de lo relatado empiezan a aparecer imágenes breves muy cortas en el tiempo, de hechos ocurridos en la naturaleza o de accidentes de alguna clase, en general asociados a catástrofes o situaciones humanas; con presencia de personas en real situación de pánico. Esto al principio ocurre en lugares geográficamente cercanos de donde se encuentra la persona mediadora, pero luego se convierten en grandes distancias, sin importar demasiado cuán distante están el suceso detectado y la persona mediadora.

Luego de instalado el mecanismo en la persona sensitiva, se puede producir de igual forma, a cualquier distancia que separe al acontecimiento de la persona con capacidades especiales en el mundo real.

La transferencia de imágenes a personas en su cotidianeidad puede ser de diferente naturaleza: a veces puede tratarse de hechos de violencia familiar; en otros casos, el simple seguimiento desde la meditación le permite al mediador observar a una persona que se desplaza en su lugar cotidiano realizando sus tareas habituales.

En otras situaciones el mediador recibe imágenes de lugares, de personas de otros países desconocidos para él, de lenguas jamás escuchadas, pero que de alguna forma entiende y que también contesta, con respuesta a veces sonora, clara y en su propia lengua materna.

Estas imágenes que en un principio llegaban a la mente de la persona mediadora solo en estado de sueño o catalepsia se pueden proyectar en un tiempo siguiente sobre el receptor, a cualquier hora del día.

Estos vaivenes y estas exigencias que tiene el trabajo de un mediador exigen mucha templanza para poder conservar el equilibrio emocional así como la determinación, para seguir con las tareas cotidianas que cada vez —en la medida en que avanza el proceso evolutivo— parecen estar más distantes de la vida que tenía la persona mediadora antes de su despertar a la espiritualidad.

Después de un determinado y específico tiempo, sin dudas para cada mediador es un ir y venir de sorpresas, informaciones, con imágenes a veces agradables y otras veces desagradables, tanto como es posible imaginar, en el mundo de las personas.

Lo que un mediador se pregunta con frecuencia al levantarse por las mañanas es qué nuevas sorpresas le tendrá preparada su vida para el día que transcurre.

En algunas ocasiones pueden hacer algo bueno y útil con la información de imágenes que recibe o recibió en la víspera; en otras, en cambio, no sabe qué hacer con lo recibido. En estos casos en particular, en aquellas situaciones que están fuera de todo alcance de resolución considerando su intervención o no en el hecho, "siempre" un mediador se pregunta cuál es el sentido de que ella o él se entere por alguna vía o comprenda el significado de un acontecimiento en especial, de perfil agradable o desagradable, si nada puede hacer al respecto para encausarlo o solucionarlo. Cuál es el sentido de enterarse de alguna situación si no puede resolverla. Esto a veces desequilibra a la persona que percibe.

Las similitudes y las diferencias con los pares

Las personas que han desarrollado capacidades especiales tienen distintas habilidades psíquicas, y es frecuente que posean un grupo de ellas; no obstante, en el transcurso de su vida, desarrollan una o dos de ellas con gran esfuerzo si se lo proponen y trabajan con determinación; el resto de queda en un plano secundario del crecimiento evolutivo.

El logro del aprendizaje y el éxito de cada una de estas personas dependen de ellas mismas y de su forma de elaborar sus capacidades.

Casi todas, y en especial las que han llegado a la categoría de mediadores, poseen una cualidad imposible de lograr por otros, que no son sensitivos, mediante estudio o entrenamientos específicos. La cualidad mencionada es la sensibilidad a los pensamientos, las emociones y los acontecimientos frente a un hecho determinado.

Los mediadores tienen similitudes y también diferencias en las capacidades que en su vida desarrollan; algunos pueden ocasionar fenómenos físicos como movimientos de objetos y generación de ruidos. No se sabe la razón por la cual algunas personas poseen estas facultades. Existen también mediadores físicos involuntarios, pero esta condición suele darse con más frecuencia en los niños y en los adolescentes. A veces, estos niños con el correr de los años pueden controlar mejor sus capacidades especiales.

Algunos mediadores que son sensitivos pueden presentir los acontecimientos futuros, y también a veces la presencia de seres del mundo espiritual. Son personas impresionables capaces de retirarse de un lugar, sólo por la presencia, en el recinto, de otro ser, que por sus vibraciones las afecta.

También están aquellos mediadores que son videntes y que en algunos casos pueden ver a los espíritus estando despiertos, dormidos o en estado de catalepsia de algún nivel.

Están los mediadores auditivos que reciben mensajes durante el sueño, en catalepsia o estando despiertos. Así como los sonámbulos, que pueden concretar acciones, sin saber cuál sería su voluntad, cuando están bajo control de una entidad con mucha fuerza energética.

Los mediadores tienen en su mayoría una gran variedad de habilidades psíquicas, pero casi todos tienen en común como propósito subyacente tres objetos fundamentales: 1) la necesidad de demostrar una forma de existencia espiritual, después de la muerte de una persona; 2) la tendencia y la inclinación de consolar y de aconsejar a otras personas; 3) el propósito y la obligación de desarrollar su propia espiritualidad, llegando hasta el límite de crecimiento evolutivo de lo que su vida terrenal le permita.

Los mediadores tienen que aprender a incrementar sus conocimientos sobre los espíritus, mejorando la calidad de la comunicación en primera instancia con su espíritu guía; ya que estos se conectan con otros espíritus y también con las personas a la velocidad del pensamiento. Hay entre ellos un mecanismo de conducción en la comunicación que es único.

Para una persona con capacidades especiales, es imperioso en algún momento de su vida, cuando antes mejor, encontrarse con otra persona que también las posea, aunque no sean iguales.

Es una situación siempre esperada y deseada, ya que le otorga al que ingresó último a este club tan especial, la tranquilidad de que podrá conversar de cualquier tema sin el indeseado temor de sentirse raro y con la confianza de que otro médium podrá entender con criterio la situación.

Por lo general, el primer encuentro de un nuevo integrante en el club de las personas con habilidades psíquicas diferentes es esclarecedor e ilustrativo y marca al nuevo integrante direcciones posibles para su futuro accionar.

De manera casi espontánea, el alumno más avanzado en la escalera espiritual aportará criterios, ideas y a veces predicciones para la ilustración y el apoyo del nuevo integrante respecto de su futuro.

En un principio se puede generar entre ambos una relación casi de educando-educador, pero con el tiempo en ese camino espiritual, el educando se desplegará en toda su capacidad y en el futuro será su propio maestro.

Con el tiempo cada persona con habilidades psíquicas y los mediadores comienzan a entender y a aceptar en algún momento de sus vidas que las capacidades de uno de ellos pueden llegar a ser parecidas a las de otros pares, con características similares tal vez; pero es muy poco probable que lleguen a tener habilidades con iguales características. Es como si cada uno de ellos tuviera una tarea específica, un propósito elegido para llegar a concretarlo en el tiempo que dure su vida, legado que ya fue elegido de antemano por Dios.

Esto nos conduce a una exclusividad de cada uno de los elegidos que conlleva: una hipersensibilidad, por un lado, y una inevitable soledad, por el otro, que cada uno de ellos debe sobrellevar. En realidad, son temas que se instalan y manejan casi solos en las personas, y poco se puede hacer por ellos, mientras dura el paso de estos seres por la experiencia humana, generando su propia historia.

Los seres que los visitan envían mensajes y reconfortan

El mundo espiritual no está tan lejos como puede a veces parecernos; existe alrededor nuestro, pero lejos de nuestro alcance. Muchos piensan que existe en una vibración o en una dimensión diferente de la nuestra, como frecuencias distintas de emisión.

La persona que accedió a la categoría de mediadora ha logrado comprender la armonía de estas frecuencias o vibraciones diferentes. De similar manera, los seres del mundo espiritual pueden ponerse en contacto con el mundo real, y logran una comunicación cuando están preparados y tienen la capacidad para hacerlo.

Cuando un médium se sienta frente a un solicitante, los pensamientos que tiene de esta persona visitante son transmitidos al mundo espiritual; si alguien de allí reconoce esos pensamientos se podrá lograr entonces el contacto, del mismo modo que si buscamos a una persona, a partir de una descripción o de su nombre correcto.

Es importante entender que los seres espirituales tienen la opción de comunicarse y que una persona mediadora no puede obligar de ninguna forma al ser espiritual a que se manifieste o muestre.

El contacto inicial a menudo es un eslabón en donde el ser mediador ha hecho una demanda por medio del pensamiento para comunicarse con una entidad.

La posibilidad de que se logre la comunicación depende de la experiencia del mediador y de otros factores. Una vez que se establece el eslabón inicial, el ser espiritual querrá a menudo demostrar su identidad.

Las palabras del espíritu se transmitirán como pensamientos a la persona mediadora, quien tratará de interpretarlos y traducirlos a la persona interesada.

Para poder interpretar cualquier información, una persona mediadora tiene que poder armonizar con el mundo de los espíritus. Algunos tienen esa habilidad desde muy jóvenes, otros tienen que entrenar sus mentes para aceptar y entender la información recibida. Esto se logra por medio de la meditación, un proceso que calma el cuerpo y le permite a la mente ser más receptiva.

Esto se puede enseñar hasta cierto límite, pero no todas las personas que estudian se convertirán en mediadoras. Se dice que vemos más con el cerebro que con los ojos, aunque estos sean ventanas. Esto nos induce a pensar cómo pueden los mediadores ver a nuestros amigos y familiares convertidos en espíritus; porque a ellos la información les llega de un modo alternativo. El cerebro de ellos procesa luego los datos y ve en su interior la información recibida.

La mayoría de los mediadores modernos usa su propia mente como antena receptora, y luego se encargan de los mensajes verbales.

Las personas con capacidad para la mediación reciben con frecuencia mensajes de voces e imágenes de eventos y también son visitados por seres del mundo espiritual en sus diferentes estados de catalepsia. Algunas de estas visitas suelen ser reconfortantes para las personas mediadoras.

Se piensa que los mensajes de voces, las imágenes o los visitantes espirituales obedecen a diferentes razones o necesidades del mundo espiritual. A veces son necesidades de los seres espirituales, otras son informaciones que se deben recibir en el mundo real por alguna razón, y de vez en cuando son pedidos de tareas por realizar, que algún ser espiritual encargó a la persona mediadora, alguna tarea que puede haber quedado inconclusa en su vida anterior, o secretos que deben ser transparentados por múltiples motivos.

También ocurre que algunos seres espirituales necesitan mostrar un lugar, un país o realidades del mundo de otrora, quizás para compararlas con las de hoy y mostrárselas a la persona mediadora.

Los mensajes no son siempre claros y entendibles, y deben ser interpretados por las personas mediadoras. Lo concreto es que casi siempre son mensajes de compañía, o de situaciones temporales de fraternidad o cortesía, que por lo general son muy bien recibidos, para hacer más llevadera la solitaria vida de una persona mediadora.

En ocasiones las personas mediadoras relatan haber sido visitadas por ángeles en una situación que ponía en riesgo su propia vida. Esos ángeles también a veces han colaborado con ellas frente a un acontecimiento de terror o pánico colectivo, amenazante para otros.

A veces ellas piensan que son sus propios ángeles guardianes integrantes del mundo celestial, que por alguna razón se manifiestan para cumplir con un propósito.

Por las razones que fueren, las personas mediadoras tienen una intensa comunicación, que puede ser de las más variadas clases, según el perfil de las voces, o las imágenes, y estando despiertas, dormidas o en estado de catalepsia.

La interacción constante a lo largo del día a veces las perturba, pero en condiciones habituales la visita de otros seres las mantiene activas, y en ciertas situaciones es reconfortante por los temas que le relatan o por el especial momento en que llegan a realizar su tarea.

Las presencias en reuniones

En el mundo de los espíritus todos ellos están conectados por telepatía, esto les proporciona una excelente manera de comunicación para el logro de un auxilio. También tienen, por cierto su personalidad, pero lo que emerge de ellos es un sentimiento profundo de unión y de comprensión.

Las personas mediadoras trabajan estrechamente unidas a su espíritu guía, cuyo rol en la comunicación es definitorio. Estos espíritus protegen y ayudan a su mediador, asegurando que la información que le entregan es algo que ellos desean divulgar en determinadas situaciones. En otros casos, en cambio, es algo que desean compartir con su mediador, debido a la seriedad del problema de que se trata, razón por la que quieren discutir y resolver el tema.

Para poder disponer de una información que está a gran distancia, se necesita indudablemente un eslabón espiritual. El primer enlace debe ser consciente de la información y es quien se debe poner en contacto con el otro espíritu.

Se comienza con un conjunto de pensamientos que se envían al primer espíritu, estos pensamientos deben ser reconocidos por el otro, y llegarán finalmente a esa persona que deseamos. Los mediadores son personas sensibles, y esto es una calidad humana única, que les permite estar abiertos para oír los pensamientos de los espíritus. Ellos deben comprender que tienen una gran responsabilidad, al compartir las emociones de otras personas que acuden a ellos, razón por la que deben esforzarse para lograr cada día una mejor comunicación.

Las habilidades psíquicas son cualidades humanas latentes en cada persona, están de una manera ignorada, solo hay que recorrer el camino adecuado para despertarlas. Por cierto, estas capacidades no son iguales para todos. Un mediador psíquico puede ver en su conjunto a una persona, aunque él o ella quieran mantener en secreto ciertos sucesos de sus vidas. Esta habilidad del mediador le permite comunicarse con un alto nivel espiritual. Si aceptamos que todos somos seres espirituales, estas lecturas son realmente posibles.

Los mediadores deben aumentar constantemente sus conocimientos sobre los espíritus, debido a que los espíritus guías hablan con otros espíritus a la velocidad del pensamiento. Si podemos aceptar que todos tenemos un espíritu guía o un ángel guardián, que también está más avanzado que nosotros en la comunicación, se debe esperar que ellos sean más hábiles, haciendo más efectiva la interactuación con los espíritus de otras personas.

Conectarse con el espíritu de otro ser humano, con la intervención de un mediador, consiste en ajustar el conocimiento y permitir que los sentidos vayan más allá de las tres realidades físicas dimensionales por medio de nuestros cuerpos etéreos. A estas capacidades especiales se las conoce con el nombre de clariaudiencia, clarividencia y clariesencia. Los mediadores pueden usar estos sentidos para relacionarse con personas y con seres espirituales.

Por medio de la utilización de estas capacidades, algunos mediadores pueden tener presencia espiritual en reuniones si se lo proponen, conociendo al menos a algunos de los integrantes, así como el tiempo y el lugar en que la reunión se llevará a cabo.

Cuando esto ocurre y se logra, su ser espiritual se encuentra presenciando la reunión, como si su persona se encontrara en ese lugar. Puede entonces ver, oír y sentir lo que está pasando en la reunión, pero de una forma muy superior a las sensaciones y a las emociones que pudiera recibir si su cuerpo físico estuviera presente en ese lugar.

Por lo relatado por algunos medidores, es frecuente que las sensaciones del lugar que recibió el ser espiritual del mediador sean luego transmitidas en el corto plazo a su cuerpo físico, en el que producen un cambio no compatible con el entorno físico que lo rodea. Por ejemplo, es frecuente que el cuerpo físico del mediador sienta frío al regreso de su ser espiritual si la reunión se ha realizado en un lugar con nieve, con temperatura más baja que la del ambiente donde se encontraba el mediador en el momento en que se realizaba la experiencia.

Estas experiencias a veces ocurren de manera espontánea en la vida de un mediador, sin su intervención, en la búsqueda de la situación descripta. En algunos casos el mediador deduce el propósito de la visita espiritual; en otras situaciones, en cambio, no puede entender cuál ha sido el propósito de su presencia en el lugar indicado y se queda sin comprender lo que ha sucedido.

En esta última situación la persona con capacidad de mediadora se pregunta por el objetivo de la experiencia, y la respuesta que aflora a veces es que, "quizás es un aprendizaje intermedio obligado en su camino, para lograr un nuevo escalón evolutivo como ser espiritual", que lo está esperando para instalarse y desplegarse en su ser.

La aceptación de las capacidades

El contacto con el mundo espiritual se puede lograr por medio de diversos métodos. El más intenso de ellos, con una gran inversión de energía corporal del mediador, que cumple con el objetivo elegido y con gran compromiso emocional, es el que utiliza el médium en estado de catalepsia en sus diferentes niveles. Es también la forma más cercana de comunicación entre el espíritu guía y el mediador, y otrora fue usado en círculos privados de trabajo, para el entrenamiento y el desarrollo del grupo humano.

En esas situaciones el grupo de tareas aprende a realizar los contactos con el mundo espiritual y se pueden encontrar las capacidades especiales para trabajar mediante la catalepsia, escuchando los mensajes de sabiduría y de información que contribuyen a mejorar la comunicación entre los dos mundos.

Por medio de este procedimiento, el mediador se prepara durante unos momentos para armonizar con el espíritu guía, luego entra en un sueño aparente, y después cede el mando al espíritu que lo guiará utilizando las funciones corporales de la persona.

Las habilidades especiales de un mediador, entre las cuales se encuentra la de poder lograr la catalepsia, son legados otorgados por Dios a una persona, a fin de que en el cumplimiento de los propósitos de su vida los use para hacer el bien a sus semejantes.

La catalepsia es un estado biológico en el cual la persona se encuentra inmóvil, en un sueño que es aparente porque en realidad existe una consciencia por la que puede ver y oír lo que sucede en sus cercanías y en lugares alejados.

En el caso de la catalepsia autoinducida de algunos mediadores, ellos logran entrar en armonía con su espíritu guía, que los conecta con el mundo espiritual, recibiendo o enviando mensajes, percibiendo situaciones o imágenes de sucesos, a veces naturales y a veces producidos por el hombre con contextos de real pánico, sean cercanos o a gran distancia de donde la persona mediadora se encuentra.

En ese estado, la sensibilidad diferente de un mediador le permite a este recibir imágenes, voces y secuencias de hechos ocurridos en algún lugar del planeta, y a veces el mediador ignora el lugar de que se trata y también por qué recibe esas señales.

Para un mediador, es difícil aceptar los legados que se le han brindado. Por lo descripto, le genera en los estadios iniciales un conflicto que debe resolver al aceptar las capacidades especiales. Y una vez que asume esta situación, la vida del mediador ya no será la misma si se la compara con la que llevaba antes del despertar espiritual. Casi todos sus hábitos se verán modificados, y es frecuente que al principio se resista a aceptar los legados que Dios le ha entregado con el propósito de ayudar a los otros durante su paso por la experiencia humana.

A veces pareciera que debe ocurrir cierto hecho traumático en la vida de la persona mediadora, o que deben experimentar ciertas carencias, para que el proceso del despertar espiritual comience y se ponga en marcha la secuencia de instalación y despliegue de sus capacidades especiales.

Cuando la instalación de capacidades comienza y el trabajo del mediador tiene lugar, la persona queda fuera de toda posibilidad de un trabajo formal, ya que el mencionado oficio es una tarea con dedicación exclusiva y de tiempo completo, en especial por los nuevos horarios que regirán su vida nueva, muy diferentes a los que utilizaba anteriormente en el mundo real o físico.

La resistencia de la persona a la aceptación de los legados en ese momento de su vida es lo más emergente de esta. Su pensamiento central en esos tiempos es querer volver a ser la persona que era con anterioridad a la iniciación del despertar y a sus nuevas capacidades.

La aceptación de los legados implica no solo usarlos para hacer el bien sino también aceptar los cambios que conllevan en hábitos de toda clase, desde la forma de expresarse con otras personas, los horarios diferentes y los biorritmos, hasta el trato con las amistades, el enfrentar su sensibilidad aumentada y el aceptar el sentimiento de soledad que se instala para quedarse por el resto de su vida.

Todo lo enunciado lleva a un nuevo propósito y a un crecimiento espiritual que lo acompañará por siempre. También con los nuevos compromisos, con las nuevas experiencias en los eventos relacionados con su vida.

El hecho de disponer de capacidades diferentes que le permiten ver, escuchar y sentir de una manera distinta le otorgan ventajas en su accionar cotidiano, pero conllevan también desventajas al sufrir con mayor intensidad los avatares del mundo real, como la crueldad, el olvido, la injusticia y la maldad de algunas personas.

El proceso de cambios que el mediador inicia y continúa durante casi toda su existencia tiene el ritmo que su alma le impone, dándole forma a su historia como persona, y de ella misma dependerá encontrar el propósito y los objetivos en su nuevo tiempo, observando, aprendiendo y encontrando los caminos más loables y nobles que le sean posibles.

Los espíritus utilizan la energía de los mediadores para producir fenómenos para los cuales no parecen existir límites, con la condición de que entre el mediador y el espíritu exista una apropiada interacción.

Los mediadores o médiums eran más frecuentes en el siglo XIX y en la primera mitad del siglo XX, era también más fácil detectarlos y conocerlos. En nuestros tiempos ya no es tan frecuente que se los pueda conocer. Los mediadores a efectos físicos comenzaron a disminuir en número, y fue también mucho más difícil detectarlos. Tal vez las nuevas necesidades de la humanidad orientaron al espíritu en el camino de cómo responder a esas necesidades.

Por otra parte, el desarrollo de un mediador a efectos físicos puede llegar a ser un largo y también a veces un tedioso proceso, que requiere un gran compromiso de todas las partes involucradas, en un círculo del cual mejoran una o dos personas, y el resto acompaña. El desarrollo de un mediador de hoy es diferente al de otrora, y se ha visto en las últimas décadas un nuevo tiempo, del que emergen estos interlocutores físicos.

Las habilidades física son capacidades que todos tenemos; no obstante, necesitamos desarrollarlas y mejorarlas, porque en caso contrario, se pierden.

Los mediadores pueden desarrollar estas capacidades de una manera superlativa, por medio de la meditación y de mucha disciplina mental. El subconsciente está constantemente en contacto con las fuentes universales de información, y la respuesta del mediador es transferir esos datos a la mente consciente.

La mente humana establece un acuerdo con una fuente espiritual y el mediador en un nivel inconsciente, para trabajar como un equipo y lograr por ese camino una información que pueda beneficiar al mundo. Este, por cierto, siempre está cambiando, de ahí la necesidad de la búsqueda constante en el inconsciente, para conocer las leyes universales que existen y que permiten que ese flujo de información siga hacia delante, como consciencia de grupo de la humanidad.

En la vida de un mediador, uno de los momentos fundamentales es aquel en que confirma sus capacidades especiales, cuando ya no hay ninguna duda de que tiene los legados de Dios, y se pregunta qué hará con ellos. En general, cuando los tienen desde niños o jóvenes y cuentan con el apoyo familiar y de sus amigos escolares, la incorporación de los legados a sus vidas es menos complicada. A veces los niños logran sus objetivos jugando y probando resultados de sus ensayos con sus pares incorporados a la actividad infantil.

La situación del adulto que recibe sus legados es muy diferente, sobre todo si la instalación ha sido rápida y si tiene muchas dificultades para aceptar las nuevas capacidades, debido a los cambios del biorritmo en la vida cotidiana, que a veces impiden que pueda tener un trabajo formal, lo que complica la supervivencia del mediador, que observa con asombro y con temor que tiene que dedicar a esta actividad su tiempo completo. Como estas personas suelen explicar a sus allegados: "deben estar siempre disponibles" para los requerimientos del mundo espiritual, para realizar las tareas y los servicios que el Creador les ha encomendado.

Casi todos ellos relatan lo difícil que es ser puente entre los dos mundos, las diferentes vivencias cuando se comparan con otras personas, a las que tampoco se les pueden explicar por qué casi siempre los mediadores duermen por las mañanas cuando el resto de la familia ya está en actividad escolar o laboral, y esto generalmente se puede llegar a confundir con una disposición inadecuada para el trabajo regular y formal.

En algún momento de sus vidas todos ellos se han planteado la idea de resistirse a la aceptación de los legados entregados, y en algunos casos han querido ser las personas que eran antes de que todo el proceso de transformación se iniciara y volver a la vida común que tenían.

Casi todos ellos más tarde o temprano aceptan el proceso irreversible de instalación de sus capacidades especiales, aceptan que su existencia será diferente y que deben vivirla lo mejor que puedan. Lo hacen cuando entienden el propósito de su vida nueva y también que su crecimiento espiritual no se detendrá nunca desde el inicio de las transformaciones iniciales experimentadas.

Los dos grandes ejes de su vida futura serán: por un lado, una nueva sensibilidad ciertamente modificada; y por el otro, su creciente soledad, que tendrá que entender y aceptar.

Las capacidades especiales le dan al mediador algunas ventajas para decodificar ciertas situaciones de la vida que le espera, pero también conllevan mayor sufrimiento frente a las variantes humanas de la maldad, la injusticia y la crueldad.

De la persona mediadora en sí misma depende observar, aprender y encontrar el propósito y el destino de los legados recibidos. Como se dice con frecuencia en los lugares y con las personas de alto nivel espiritual: "Dios nos da papel y lápiz, lo que podamos hacer con ellos al escribir o dibujar depende absolutamente de nosotros".

La sociedad y los mediadores

Se han registrado predicciones psíquicas de sucesos de personas con capacidades especiales a lo largo de la historia, pero los primeros mediadores profesionales se han conocido en la segunda mitad del siglo XIX. Para ese tiempo, se fundaron las primeras sociedades para la investigación de los fenómenos psíquicos. Sin embargo la gran mayoría de las comunidades científicas rechazaron y también se burlaron a veces de las experiencias efectuadas con simplicidad por los mediadores, evitando asistir a las experiencias demostrativas.

Los mediadores y sus capacidades han sido siempre resistidos por la mayoría de la sociedad, aún sin saber esta muy bien cuál es el rol que desempeñan, cómo se los puede detectar y ayudar a encauzar su accionar en la comunidad, especialmente cuando son niños o jóvenes adultos, y sobre todo cómo se los puede proteger e integrar a la comunidad. En el mundo de hoy los mediadores han cambiado su perfil con respecto al de los siglos anteriores, receptan mucha información y tratan de ser útiles, integrándose a las poblaciones comunitarias donde viven.

En este momento las comunidades y la sociedad de las que son parte no hacen un esfuerzo visible por protegerlos, son como seres invisibles al común de las personas y también son ignorados por gran parte de la comunidad. Esto se debe a que no se conoce su existencia ni su accionar, a pesar del esfuerzo que ellos realizan para lograr su integración social y ser comprendidos.

También porque aunque si supieran de su existencia, la sociedad de nuestros días no tiene un mecanismo de contención imprescindible para estas situaciones, para lograr hacer lo necesario y hacerlo bien. Al no saber qué hacer, con frecuencia la sociedad los aísla, proceso que comienza con los familiares cercanos y con los amigos de la persona mediadora. Luego, cuando la persona mediadora se percata de eso, ella también contribuye a su propio aislamiento, evitando los contactos con estos y llevando hacia delante la difícil situación.

En verdad, la sociedad en que ellos desarrollan sus actividades no sabe de sus capacidades, y aún cuando se entera, no sabe cómo cuidarlos, no se compromete, los deja proceder sin guiarlos hacia un objetivo determinado, y se observa un pronto olvido y una consecuente exclusión social.

La comunidad de la que forman parte no se plantea objetivos viables para ellos, no visualiza cuáles podrían ser sus roles en una sociedad moderna, para que realicen una tarea con el beneplácito de los demás, haciendo el bien común y contribuyendo a la obra creadora de Dios.

No obstante, a la hora de la necesidad manifiesta, algunas personas concurren a visitar a los mediadores para beneficiarse con el ejercicio de sus habilidades psíquicas, situación que a veces se torna conflictiva para estos, o los compromete, por su naturaleza humana.

Las posibilidades de demanda de personas mediadoras es muy amplia, con mucha expectativa de la clientela, que incluye a veces el intercambio de valores materiales entre clientes y el mediador. Por ello, los mediadores se dividen en dos grandes grupos: por un lado, los que incluyen el intercambio de alguna clase de valores materiales, con todo lo que eso conlleva, y por el otro, los que no incluyen esa posibilidad y que viven en el más absoluto anonimato, tienden ellos mismos a elegir a las personas que atenderán, apoyarán o armonizarán, realizando cuando lo consideran oportuno alguna clase de docencia con sus pares que son también mediadores.

Este último grupo viven una vida simple con humildad y casi en total soledad, disfrutando de la armonía que generan ellos mismos y con la que se envuelven, cuando la han logrado.

Algunos de ellos relatan que disfrutan de su actividad de mediadores y también de su accionar en la comunidad donde se hospedan, haciendo uso de sus legados para contribuir al bien y agradeciendo en cada instante existencial esa bendición otorgada por el Creador.

Los mediadores y las instituciones de salud

Los seres espirituales tienen la necesidad de comunicarse y también de explicar situaciones por muy diversas causas, y esto ayuda mucho a otras personas, que necesitan la comunicación con ellos en especial, a los recientemente fallecidos y que ya están en otro plano de la existencia.

Se debe comprender que podemos conectar con ellos, que es posible. Esa es una de las tareas de los mediadores, y cuando se logra, mientras se reciben los mensajes, es posible que las personas que solicitaron la comunicación puedan experimentar algunas de las sensaciones que el espíritu sintió en vida o en la última parte de ella y que debido a cierta causa lo ha llevado al nuevo plano existencial.

Casi todos tenemos alguna habilidad para percibir más allá de la dimensión en la que estamos. Un mediador es mucho más sensible que la mayoría de nosotros para poder percibir también en otras dimensiones. Algunas experiencias realizadas por los mediadores son realmente asombrosas y ocurren por este vínculo entre ellos y los seres espirituales. Las implicancias que se nos permite a veces conocer son extraordinarias.

Con frecuencia se habla de los peligros y de los riesgos del desarrollo psíquico, y los mismos son atribuibles a la calidad de la gestión del mediador, que tiene que ver con la experiencia lograda siguiendo los caminos adecuados y el tiempo necesario para lograr la seguridad profesional esperada.

También hay un lado oscuro en la actividad descripta, pero el mediador bien motivado está bien protegido de las influencias negativas, y en principio nada debe temer, porque llegará a buen término.

El tiempo necesario para lograr el desarrollo de sus capacidades es impredecible una vez que se inicia el proceso. El crecimiento no tiene fin y continúa casi siempre, toda la vida. Cada escalón logrado proporciona nuevos detalles de interés y abre un nuevo grupo de posibilidades.

Casi siempre la energía sanadora es vehiculizada por medio de una persona con capacidades especiales, está dirigida hacia una persona enferma que la cubre en su totalidad, para que sea un verdadero acto de curación. Es un regalo espiritual que no tiene barreras religiosas, es un regalo de Dios.

No obstante, surgen de igual modo las aprensiones y las reservas respecto de las personas con capacidades especiales y las instituciones de salud mental, que en su accionar terapéutico están muy presentes en la vida de un mediador. El temor a que sus capacidades sean confundidas con alguna clase de enfermedad mental y por tanto quedar expuesto a tratamientos o a una internación hospitalaria llega a veces a ser un factor de preocupación importante en la vida de un mediador.

El riesgo de la similitud entre ciertas manifestaciones de enfermedades mentales y eventos de mediadores, en su aspecto externo, es que, algunos mediadores puedan quedar retenidos en instituciones de salud, con todo lo que ello implica. Estas potenciales situaciones atemorizan a muchos de ellos.

Los niños y los adolescentes con capacidades especiales están más expuestos al riesgo de internaciones no deseadas, debido a su diferente percepción del mundo de los adultos, y tienen por cierto muchas dificultades para dimensionar los riesgos a los que pueden quedar expuestos, como el tratamiento de un enfermo mental continuado durante años.

Es difícil saber si existe o no en las instituciones de salud mental de nuestros países un procedimiento de rutina que establezca el diagnóstico diferencial entre una persona de cualquier edad con capacidades especiales y otra que esté cursando o incubando una enfermedad mental de alguna clase.

En algunos países existen instituciones de investigación y docencia, bajo la forma jurídica de fundaciones o institutos, que con la asistencia de profesionales especializados y con la tutela del Estado, se dedican al estudio y al entendimiento de las personas con estas capacidades.

Como no existe un monitoreo regular y programado de seguimiento de niños y adolescentes con capacidades especiales, se ignora el tamaño del grupo existente en un país. También se desconoce el número de personas que pueden estar retenidas en las instituciones de salud mental con diagnóstico confuso al ingreso, que hagan suponer que en algún momento anterior de su vida, fueron seres con capacidades especiales.

A la luz de lo que sabemos actualmente acerca del tema, quizás hoy es el momento de diálogo.

Una idea para implementar quizás en el corto plazo sería instalar en las instituciones de cuidados mentales pruebas básicas de detección precoz de personas con capacidades especiales, para evitar los posibles solapamientos de diagnóstico.

Otra idea que quizás gozaría del beneplácito de todas las comunidades es la de considerar a las sociedades científicas como guías directrices de reales programas de trabajos, en el campo de las capacidades especiales llevados a cabo por fundaciones, institutos, escuelas de diferentes niveles académicos, hospitales y centros de salud; con el objeto de implementar pruebas test a los ingresantes a instituciones de diversa índole, dirigidas a la detección, la valoración y el encause social y familiar de las persona con habilidades especiales.

Existe hoy un severo y pendiente aprendizaje que debe realizar nuestra sociedad moderna respecto de las personas con habilidades especiales: identificarlas, contenerlas y evitarles los riesgos que en el mundo de nuestro tiempo tienen. También es una materia pendiente poder mimarlos para que puedan seguir creciendo en la difícil tarea que Dios les ha encomendado y que es la de mediar entre los dos mundos.

El reconocimiento temprano de los mediadores

Es importante que el reconocimiento temprano de un mediador perteneciente a un grupo poblacional o sociedad determinada se logre lo antes posible, sea en su adultez, en su juventud, en su adolescencia o en su niñez o edad escolar primaria.

El sentido de la detección precoz de un mediador obedece a varias razones: en primer lugar, cuanto antes entienda la persona lo relativo al inicio de sus capacidades y a la continuación de la instalación de sus legados, más posibilidades tendrá de entender lo que sigue en el proceso, que es aceptarlas. Al hacerlo como un don entregado por Dios, podrá seguir con el curso de su vida lo más integrada posible a la comunidad donde vive, que también más tarde o más temprano tendrá la obligación de aceptar esta persona con sus capacidades, no como un inconveniente sino más bien como una bendición.

El encause más temprano o precoz de la situación le otorga a la persona, en principio, mejores posibilidades de unirse a la sociedad que la nutre y la contiene, en su crecimiento evolutivo espiritual para el beneficio de toda esa comunidad.

La sociedad que cobija a los mediadores no los controla, pero observa su accionar y está atenta a los posibles desbordes, y cuando ellos ocurren por alguna razón, actuará ignorando todo lo permitido y tolerado hasta el momento, para volver al esquema antiguo y tradicional que en algunos casos es el de ser indiferente a las personas con capacidades especiales y en otros casos es segregarlas o combatirlas, con lo cual el diálogo o comunicación que pudiera haber existido se termina. Con ello, a la persona mediadora no le queda otra opción que volver a su soledad y a su introspección.

Las estructuras educativas regulares y sistemáticas no tienen por el momento la posibilidad de detectar o encausar a las personas con capacidades especiales, sean niños, jóvenes o adultos. No existen chances alternativas de encause para ofrecer frente a estas situaciones.

Es posible que no puedan o no sepan qué hacer con estas personas, no tienen regulatorias claras que nos digan quiénes son los encargados inequívocos para reconocerlos, detectarlos, orientarlos y tal vez, en algunos casos, contenerlos. La persona sensitiva en tales condiciones no puede darle libertad al despliegue total de sus capacidades, y en consecuencia vive reprimiéndose y cuidándose de no llamar la atención en su círculo social pequeño. En su interior sabe que es difícil que sus iguales la vean como una más del grupo. Con relativa facilidad y con cierta frecuencia, se la estigmatiza de algún modo, logrando a veces lesionarla.

Todos sabemos el riesgo que puede significar confundir a una persona con capacidades especiales con una que tenga alguna clase de enfermedad mental, y las posibles futuras consecuencias de eso, en especial para un niño o un adolescente. Sabemos que no hay, al menos en nuestras latitudes, mecanismos sociales que permitan detectar y encausar estas situaciones. Por lo tanto, dada la situación visualizada, las personas con legados especiales deben asumir su historia de sensibilidad y resolverla lo mejor que puedan por sí solas.

En algunos países existen instituciones especiales dedicadas a esta tarea, con objetivos puestos en la investigación y en el desarrollo de estudios liderados por especialistas, pero estas estructuras no son de fácil acceso o localización para aquellos que las necesitan desde nuestras latitudes.

Al no estudiar estos temas con programación y gestión de seguimiento, no se sabe cuántos niños, adolescentes o adultos tienen esta necesidad en el presente, ni tampoco la calidad o especificidad de sus capacidades en el momento de la evaluación.

Por tanto, nada puede hacerse si no se recorre el primer escalón, que es el de detectar a estas personas. De momento, ellos saben que en nuestro medio deben abrirse paso por sí mismos a la nueva realidad de vida que ocurre en el nuevo despertar espiritual, hasta que llegue el momento en que logren contar sus experiencias a una persona elegida.

Los aportes de las personas con capacidades especiales que alcanzan la categoría de mediadores son innegables, estos es cuando llegan a ser entendidos por las comunidades donde viven y se desarrollan sus actividades de sensitivo.

Algunos de ellos logran realizar aportes a la sanación espiritual de ciertas personas, cuando interactúan con ellos por medio de un diálogo simple y continuado en el tiempo, acompañándolas en la resolución de sus dificultades. Otros logran una clara armonización de las personas con las cuales interactúan, llegando a un plano de entendimiento espiritual. Pueden con frecuencia ayudarlas a estabilizar sus principios y sus valores, con la realidad en que viven y que a veces los desequilibra por alguna razón.

Los beneficios logrados en las personas asistidas vuelven a ellos, que son también beneficiados por el retorno, en su accionar dentro de la comunidad donde se cobijan y nutren.

El acompañamiento a otros seres

Las capacidades especiales de cada uno de los mediadores son diferentes, a veces pueden ser parecidas, pero en general hay un perfil bastante diferente entre ellos. Los mediadores de hoy inclusive tienen capacidades que no se parecen demasiado a las que tenían las personas en los tiempos del siglo XX, o de igual modo a las habilidades conocidas del siglo XIX.

También es visible el hecho de que aunque suelen desarrollar un grupo de capacidades especiales, llegan a destacarse en una o dos de ellas como legados o habilidades principales. El resto de las capacidades transcurren en la vida del mediador, como legados o habilidades secundarias.

Algunos de ellos pueden acompañar a otros seres hacia los caminos que deben tomar, haciendo uso de sus habilidades aceptadas a lo largo de su vida, y al mismo tiempo, estos mediadores necesitan a veces ser acompañados. Eso también les ocurre a algunos y será reconocido por ellos. Esto es posible como producto de la evolución espiritual del mediador hacia otros planos espirituales, de los que emerge la necesidad genuina de acompañar a otras personas, que manifiestan inequívocamente que necesitan serlo.

Algunos mediadores tienen la capacidad para acompañar a las personas en estado sufriente por alguna causa, al que logran aliviar de su malestar producido por una enfermedad o por otras causas. A veces es por decisión propia del mediador, la de encontrarse con seres sufrientes que están en hospitales o instituciones de reclusión. En cambio, en otras situaciones, son las propias familias las que vienen a solicitar los servicios de acompañamiento de un mediador. En ocasiones, es el propio interesado el que solicita por convicción el acompañamiento y el apoyo espiritual de un mediador, para superar una situación de vida determinada.

En algunas circunstancias, las personas necesitadas sueñan con los mediadores cuando son conocidos de ellos y por esa razón solicitan a sus familiares que lo convoquen.

En la reunión entre un enfermo y un mediador, siempre existe un diálogo personal y oral entre ellos, pero de manera independiente, la interacción o diálogo espiritual entre las dos almas también ocurre, y ella trae consigo alivio o mejor dormir para el enfermo así como fatiga para el mediador al regreso de su visita. El intercambio de energía es inevitable, y el mediador necesita luego un tiempo de descanso y de recuperación física de su cuerpo.

Cuando el diálogo oral no es posible, a causa del estado de salud de la persona visitada, la proximidad física y espiritual del mediador suele producir efectos benévolos similares en el alivio del sufrimiento, en la paz espiritual del enfermo o en el acompañamiento final, cuando el propósito de la experiencia humana del paciente ha llegado a su término.

Una forma de acompañamiento de los mediadores que ha sido poco difundida, pero que no obstante se ha descripto como habilidad especial en muy pocos de ellos, y se la conoce por publicaciones en libros del siglo XX y también del siglo XIX, es la que se describe a continuación. Se trata de la intervención o mediación que realiza un espíritu guía en armonía con su mediador, al momento en que una persona muere y su ser espiritual se desprende del cuerpo físico, para seguir su camino de evolución espiritual. Es una forma específica de acompañamiento y de encause espiritual en el momento del desprendimiento corporal. El mediador y su espíritu guía actúan como acompañantes en los instantes iniciales de orientación espiritual hacia el nuevo camino, especialmente en las situaciones en las que la muerte ocurre de una manera inesperada y rápida, lo que desconcierta en los primeros momentos al ser espiritual de la persona.

Los mediadores junto a sus espíritus guías son, en estos casos, las luces indicadoras del momento que acompañan, que dan comprensión y compasión en las instancias en que el ser espiritual liberado del cuerpo físico necesita de toda la orientación disponible para alinear el rumbo que va a seguir.

Los mediadores que han recibido estos legados pueden realizar el acompañamiento luego de algún tiempo de experiencia, a cualquier hora de la noche al principio y luego también a cualquier hora del día, en el lugar físico en que se encuentren. Sus actividades en ese instante se detienen, se interrumpen, y pueden entrar rápidamente en algún nivel de catalepsia, para realizar el acompañamiento. En ocasiones suelen lograrlo hasta con los ojos abiertos.

Esto convierte a un mediador con estas habilidades especiales en un ser que debe estar "siempre disponible", para ejercer sus legados y dar el acompañamiento, la paz y la comprensión a los seres necesitados del momento, sean espirituales o humanos.

Estos servicios son en el mundo de hoy poco comprendidos o aceptados por las comunidades, son además muy poco conocidos. Solo los conocen los estudiosos de estos temas o las personas con cierta experiencia en mediumnidad.

Son numerosas y de gran diversidad las experiencias que viven los mediadores con su especial sensibilidad. A veces somatizando en su cuerpo físico las experiencias que les tocan vivir en su camino humano.

Los mediadores son acompañados en algunas oportunidades en su estado de catalepsia por otros seres espirituales de tiempos relativamente recientes o de otros tiempos pasados.

Así que cuando les toca vivir experiencias muy importantes en su accionar y quedan casi agotados en su fuerza física, es frecuente y esperado que Dios al saberlo les envíe sus mensajeros angélicos para que los reconforten y les den nueva luz de esperanza para su futuro personal.

En otras oportunidades, los visitantes son seres espirituales de otros tiempos, que tuvieron su experiencia humana y que ahora, en ejercicio de una evolución espiritual determinada, logran comunicarse directamente con el mediador para mostrarle alguna realidad de su tiempo como persona, encargarle una tarea que quedó inconclusa, o mostrarle algo que sea la representación de la belleza o de la sabiduría, para confortarlo, para cuidarlo y para entregarle en su mensaje aquello que le devuelva la armonía y el equilibrio que tal vez en ese momento de su vida necesita. Esto ocurre a veces, luego de que el mediador pasó por un acontecimiento o experiencia que lo alteró temporalmente, en el esperado accionar cotidiano de sus actividades.

El lenguaje de los mediadores

El lenguaje usado por los mediadores para comunicarse con el mundo espiritual es por cierto muy especial, y debemos tener siempre presente que la comunicación entre un ser espiritual y un mediador, solo será posible si cada uno de ellos así lo desea. Son los primeros los que tienen la opción, y el mediador nada puede hacer por cambiar esa situación.

Cuando un mediador está frente a una persona que requiere de sus servicios, tendrá muchos pensamientos respecto de esa persona, los que son transmitidos al mundo espiritual. Si alguien en ese mundo reconoce esos pensamientos y desea comunicarse, entonces se logrará el contacto entre ambos. En este caso, la demanda realizada por el pensamiento del mediador es definitiva.

La posibilidad de que la comunicación se establezca depende de la experiencia del mediador, además de otras condiciones necesarias para que la tarea se concrete.

Una vez que se produce la comunicación, con frecuencia el ser espiritual quiere demostrar su identidad. Las palabras del ser espiritual se transmiten como pensamientos al mediador, quien debe traducirlo, interpretarlo y decodificarlo a veces a la persona interesada, para que pueda entenderlo.

Para llegar a la interpretación de una información procedente del mundo espiritual, un mediador debe aprender a lograr la armonización con el mundo de los espíritus. Mientras algunos de ellos han crecido con esa habilidad, otros deben aprender a hacerlo, entrenando sus mentes para lograr la traducción, la interpretación y a veces la decodificación de la información recibida del mundo espiritual.

Esto se logra por medio de la meditación, que es un mecanismo por el cual se logra calmar el cuerpo, permitiendo así que la mente, se transforme en más y más receptiva.

Dentro de ciertos límites, este proceso puede ser enseñado a muchas personas; no obstante, no todas las personas que aprendieron y practican el mecanismo se convertirán en mediadores.

Los estudiosos del cerebro humano pregonan con mucha determinación y firmeza que vemos más con nuestro cerebro que con nuestros ojos, aunque ellos sean nuestras ventanas al mundo real. De algún modo, esta afirmación avala la explicación y ayuda a entender cómo algunos mediadores pueden ver a familiares y amigos que se han convertido en seres espirituales al dejar su cuerpo físico, mediante el poco conocido modo alternativo de recibir información que tienen ellos incorporado.

El contacto con el mundo espiritual puede ser logrado por varios procedimientos, pero el más intenso, el que mayor energía le absorbe al mediador, es el que se cumple emocionalmente con el fin deseado y es la catalepsia en sus diferentes niveles. Es una forma íntima de comunicación entre el espíritu guía y el mediador.

A veces un mediador experimenta un dolor o extrañas sensaciones. Esto ocurre cuando ha permitido que su inconsciente reciba la información, la ha transferido luego a la mente consciente y luego, la experimenta como persona por medio de los cinco sentidos habituales.

Es esta forma tan especial de comunicación entre los mediadores y el mundo espiritual, la manera en que las almas se interrelacionan, no existen las barreras idiomáticas y corresponde, a lo que algunos autores identifican como el "lenguaje universal de la comunicación espiritual". Este es el espacio en el que no existen interferencias de ninguna clase, que permite a los mediadores realizar su tarea de manera independiente de las culturas de este planeta, de las razas, de las lenguas, de los credos o del país en los que haya estado ese ser como persona, en el presente o como ser espiritual del pasado.

El lenguaje universal es una forma de comunicación que tienen las almas del universo entre sí, mecanismo por el cual logran pasarse mensajes unas a otras, sean las que están acompañando a su cuerpo físico en su paso por la experiencia humana, como las que están solas en el universo completando algún proceso, o también cuando se encuentran subiendo un escalón más en la extensa escalera de la evolución espiritual.

En cualquiera de las situaciones, ellas necesitan hacer el esfuerzo para comunicarse con sus seres queridos, dejarles mensajes, completar alguna tarea que ha quedado inconclusa o pendiente de sus experiencias humanas y que no pudieron finalizar cuando estaban en el mundo real.

Una de las tareas de los mediadores consiste precisamente en realizar esa interlocución, asistidos siempre por sus espíritus guías, por medio de los mecanismos y de los lenguajes ya descriptos. El trabajo es muy importante para el mundo espiritual y también para el mundo físico de las personas.

El alma viajera de los mediadores

Nuestro mundo está siempre cambiando, y las personas a su nivel protagonizan sus propios cambios emocionales, sus cambios físicos y también sus cambios en el estado de consciencia. Todo ello puede conducir a una evolución hacia una mejor calidad de vida, que comienza con experimentar nuevos territorios.

Entre esos cambios, uno de ellos es la exploración física del espacio exterior, pero también algunas personas están interesadas en explorar el espacio interior. Estas últimas tratan de entrar en contacto con la sabiduría interna de todos los seres del universo, buceando para descubrir lo que existe más allá de los sentidos físicos, abriendo cauces para llegar a la fuente universal de información que sería de gran utilidad para muchos, siguiendo el camino evolutivo del ser espiritual en su experiencia humana.

La mente de un mediador puede establecer un acuerdo con una fuente espiritual en un nivel inconsciente para trabajar en equipo, con el objeto de conseguir información que pueda beneficiar a muchos. Algunas personas muestran habilidades para penetrar el inconsciente y acceder a las leyes universales, que permiten que ese flujo direccional de información siga adelante. Es un proceso que se relaciona con la consciencia de grupo de la humanidad.

Los mediadores son los cauces necesarios para que el mundo espiritual se comunique con el mundo físico o real, pero la ayuda debe ser mutua y bidireccional, aunque no sabemos mucho de las necesidades de los seres espirituales, estamos ligados a ellos en nuestra existencia espiritual.

Los estudiosos del mundo espiritual relatan que la psicología de los seres espirituales tiene ciertas similitudes con la nuestra, ya que sabemos que nos hablan, se enfadan, son buenos o no y necesitan estar ocupados. Nosotros podemos aprender de las de las interacciones físicas, de igual manera que ellos pueden aprender de las interacciones espirituales, y todos podemos beneficiarnos de estos intercambios.

El universo psíquico está regido por relaciones de causalidad muy sutiles, que permanecen misteriosas e inexplicables para los límites ya establecidos por la física, o la psicología materialista.

Algunos mediadores logran separarse de su cuerpo físico, y así libre, el ser espiritual se puede trasladar a sitios lejanos para cumplir con su cometido, cuando logran ciertos estados de consciencia, inducidos por ellos mismos. Algunos poseen esa capacidad desde su juventud, otros en cambio la pueden lograr con un aprendizaje de disciplinas varias.

El mencionado nivel de consciencia les permite separarse del cuerpo físico y mirar desde el exterior con ojos inmateriales. En su estado inicial o etapa más primaria, permite levitar al ser espiritual y observar, mientras el cuerpo físico permanece en su lugar del inicio de la experiencia, en estado inerte.

En una nueva etapa, con un nivel de consciencia determinado, y luego de lograr una retención progresiva de la respiración y una alimentación adecuada, la levitación se convierte en un procedimiento practicable según la voluntad del mediador. Poder mirar desde lo alto, con el terror al abismo que podría producir, así como de los vértigos que podría sufrir el mediador si se encontrara en su cuerpo físico; el procedimiento desde la perspectiva física asusta bastante a quien no está familiarizado con el tema descripto.

Esta forma de viajar en astral convierte casi siempre en fútiles las habituales diversiones humanas a quien por cualquiera de los caminos ha llegado a la verdadera libertad, utilizando de manera más interesante el tiempo disponible.

Estas incursiones psíquicas, con la capacidad de poder materializarse y hacerse visible a la distancia o no, hacen diferente a cada mediador. Hay capacidades que algunos de ellos pueden lograr a lo largo de su experiencia humana, pero que otros, en cambio, no pueden practicar.

Estos legados otorgados por Dios tienen un objetivo concreto y específico para cada mediador. La manera de usar el pensamiento va por cierto más allá del reconocimiento de lugares geográficos específicos y de contactos mentales con otros seres; es la de ayudar en las tareas de ejecución del gran Plan Divino, como colaboradores de ese trabajo.

Cuando cada mediador logra esta participación, que es difícil de explicar y que un profano no puede comprender, es como volver a encontrar una parte de uno mismo, quizás la más importante, de cuya carencia había emanado sufrimiento, a veces vago y oscuro, sin que hubiera de ello un recuerdo exacto y preciso. Es como saber algo de lo que la vida le reservará a cada mediador, a qué propósitos encausarse y las responsabilidades que deberán ser asumidas y afrontadas. El mediador se convierte, así, en un ser espiritual despierto y libre en condiciones de desarrollar su rol, en la gran apuesta secreta de los destinos de la humanidad.

Luego de un tiempo en que los mediadores practican con frecuencia sus viajes astrales, las distancias recorridas hacia los lugares elegidos son pequeñas, grandes o muy grandes según sea necesario.

Lo que a veces presenta contratiempos son las comparaciones entre el tiempo en que transcurre el suceso y la realidad, en la que al principio la mente con sus esquemas establecidos trata de imponerse a las experiencias de viajes en catalepsia, que casi siempre van en direcciones diferentes o contrarias.

Esta es la situación en la cual algunos mediadores quieren renunciar a sus legados, sublevándose con su entorno personal o con ellos mismos; a veces se sienten aprisionados por la situación y quieren ser una persona sin los legados recibidos, con las obligaciones comunes y habituales de un ser humano simple.

La esperanza contributiva de los mediadores

Los mediadores son seres esperanzados en un mañana y saben que su tarea debe ser la de generar puentes entre los dos mundos, y es ciertamente una tarea que no puede ser delegada a otras personas que no posean esas capacidades especiales.

Este arraigo nostálgico tiene su origen en la mayoría de las situaciones en el lugar de nacimiento y de crianza junto a los seres cercanos y queridos.

En la adolescencia casi siempre comienzan a hacerse manifiestas las capacidades especiales, y con esta situación se da inicio también a las complicaciones. Ellos se preguntan con cierta frecuencia por qué tienen que estar en medio de semejante transformación, sin poder detenerla. Esa situación los condiciona a veces a salirse de su estructura familiar, ya que llegado el momento del despliegue de sus capacidades, no tienen intereses comunes con el resto del grupo hogareño.

Con la adolescencia y la edad adulta, sus vidas toman diferentes direcciones, y el hecho es que más tarde o más temprano se preguntarán cuál es el objeto de estar en esta vida y la forma de ser útiles en ella.

Con frecuencia hay ciertos sucesos en sus vidas que los marcan, a partir de los cuales el despliegue de sus capacidades se hará progresivamente, de forma lenta o rápida, pero de manera inequívoca. Sus situaciones de vida personal cambian de raíz, y luego, entonces tendrán que entender y comenzar a funcionar con los nuevos códigos, que los acompañarán en toda su vida futura.

Una de las manifestaciones más reconocibles de que ya han entrado en una senda evolutiva de perfiles positivos es el momento en que empiezan a devolver lo que han recibido como saber, convertido en acciones de diversa índole al servicio del bien individual o colectivo.

A partir de ese momento, quienes han superado todas las pruebas apuestan sus esperanzas a un mañana con mayor armonía en sus personas, con Dios, con la naturaleza; como verdaderos alumnos que siguen aprendiendo cada día sus lecciones del legado recibido en el presente, pero con un esfuerzo encausado para mejorar las acciones del mañana.

Esta visión clara que poseen los mediadores, que llega más allá de lo físico, les permite por este tiempo utilizar por anticipado estas capacidades que están latentes en todas las personas y que algún día serán la herencia de la humanidad.

Ellos saben que los que también lo experimentan ahora están solo un poco adelantados con respecto al resto y por tanto tienen más y mayores responsabilidades en su accionar y en sus compromisos que el resto de las personas.

Si bien esta afirmación es genuina, no parece muy tangible para la mayoría de las personas, que consideran que es algo muy lejano e inalcanzable para ellas y que no pueden apreciar su desarrollo, si en algún momento les ocurriera en sus vidas.

Las capacidades especiales de los mediadores se deben tratar de entender como un gran número de cosas del mundo real, que es en lo esencial una cuestión de vibraciones, como una extensión mayor de las capacidades que todos usamos en nuestra vida cotidiana.

Estamos inmersos en un increíble mar de aire y éter, mezcla que sirve de medio para que las vibraciones se propaguen desde y hacia cualquier dirección. Es también, por cierto, la forma en que nos llegan a nosotros.

Algunas de ellas se transmiten, y las retinas del ojo humano pueden responder, producen en nosotros la sensación que llamamos luz, es decir, nos permiten ver aquellos objetos de los cuales emana luz de alguna clase.

De igual modo, el tímpano del oído humano responde a una limitada gama de vibraciones, lo suficientemente lentas como para afectar el aire, solo esos sonidos podemos oír.

La esperanza de que toda una gama extensa de vibraciones pueda ser transmitida y receptada por la mayoría de las personas es el anhelo de casi todos mediadores.

La posibilidad de poner en actividad el cuerpo astral y el cuerpo mental, cuando sea el tiempo en cada persona, respondiendo en su respectivo plano a las vibraciones de la materia, abre la posibilidad de dos opciones nuevas que aportan conocimientos y capacidades para el accionar, que nos dan estos estados y cualidades novedosas en su totalidad.

Con ello, en el caso del cuerpo astral, existiría la posibilidad de un desarrollo constante y progresivo de nuestros sentidos: en referencia a la vista o el oído, podríamos apreciar vibraciones mucho más altas y más bajas que las reconocidas en el mundo real. Es un aprendizaje sin fin, al que podremos acceder en el futuro.

En cuanto a la visión aportada por el plano mental, es diferente, no se puede separar los sentidos mencionados de la capacidad; se habla de un sentido general, que responde a la perfección a las vibraciones que llegan a él. Cuando cualquier objeto se pone al alcance de su conocimiento, lo comprende por completo enseguida: lo ve, lo oye, lo siente y sabe todo al respecto del objeto de manera casi espontánea, dirigiéndose al mediador que tiene la capacidad para interpretar.

En las razas de un desarrollo más elevado, las energías del hombre se invierten cada vez más en la evolución de las capacidades mentales en un principio. Pero cuando el hombre espiritual comienza a desarrollarse, sus capacidades especiales vuelven a él con más precisión y exactitud que antes, regidas ahora por su voluntad desde un órgano definido con el control casi exclusivo del sistema cerebro espinal.

LOS MEDIADORES DEBEN SER PROTEGIDOS

Tengo la absoluta certeza de que los mediadores deben ser comprendidos en primera instancia y luego protegidos con todas nuestras fuerzas, por innumerables razones, algunas de ellas serán entendidas por las personas del mundo real, y en cambio, con otras existirán dificultades para lograrlo. No obstante, es condición del camino de la luz de que sean protegidos y cuidados por la sociedad que los cobija.

El mundo espiritual debe ser respetado, y una de las formas de hacerlo es precisamente cuidando a los mediadores, que son el vínculo funcional entre el mencionado y el mundo real. Una de las razones para hacerlo es que hay entidades espirituales que tratan de mejorar su sabiduría, por medio del accionar de los mediadores. La energía espiritual fluye por ellos, y si el mediador mantiene activo el cauce y permite que su propio potencial crezca, eso ayudaría en gran medida a la fuente, y en este camino, a la integridad del propio mediador, en definitiva.

La energía de la fuente solo se podrá encausar si el flujo energético del mediador está disponible, y en esto la apertura es importante ya que el proceso usa lo que está disponible como caudal de energía. Por tanto, el máximo nivel logrado en ese instante define si se trata de un mediador que se está iniciando o por el contrario de uno de gran experiencia para realizar la tarea.

Las emociones del mediador afectan su accionar, expresado como generalidad, y de las situaciones dependerá desde luego también la emoción de que se trate: el enojo, la depresión, la tristeza y otras no permiten que estén relajados, y por tanto, se dificulta su actividad.

La relajación permite la unión entre el espíritu y el mediador. Todo aquello que interfiera con la comunicación también afecta esta unión. Un cambio brusco de la situación generada puede afectar al mediador, que puede quedar expuesto a efectuar maniobras de cierto riesgo para él.

De igual modo que las emociones del mediador, es también importante la hora del día en que se realiza la actividad. Esto tiene que ver con las puertas de energía del cuerpo humano, los chakras. Algunos mediadores usan solo el chakra de la corona, pero si enfocan el aspecto intelectual o estilo de vida, será entonces el chakra de la frente, y en personas de alta emotividad usarán entonces el chakra del corazón, depende esencialmente del mediador. La noche y la madrugada son los mejores tiempos, pero también lo es la media tarde. En mediadores experimentados, se observa que pueden lograr sus actividades a cualquier hora del día.

Las emociones adversas no afectan la información que se recepta, pero sí el modo en que el mediador presenta los hechos a los solicitantes, llegada la situación.

Otro de los aportes de los mediadores es el mecanismo por el cual activan la realidad en su estado de sueño. Lo pueden lograr comunicándose en primera instancia con los espíritus guías personales, usando el procedimiento habitual. Lo hacen poniendo una orden en la mente: "antes de dormirse", para que la acción solicitada ocurra. Algunos pueden lograrlo, pero no funciona para todos; es necesario producir los cauces de la comunicación con los espíritus guías personales, antes que depender de otras fuentes informativas, y aunque la meditación ayuda, el conocimiento de lo que es necesario y el aprendizaje son componentes ineludibles para lograr la activación.

También es un hecho que los mediadores logran diferentes formas de comunicación con los espíritus. Los mediadores definen con frecuencia su estado de trabajo, como el de la catalepsia, lo cual confunde a muchas personas debido a que no se trata de una "auténtica catalepsia" sino de cierto estado, que se le asemeja mucho.

Cuando en el mencionado estado de trabajo, el espíritu se une con el mediador, el primero puede ejercer varios niveles de mando alterando la consciencia del segundo, en un mayor o en un menor grado, dependiendo de la comunicación lograda y de la habilidad del mediador para lograr que esta sea genuina y dentro de ciertos límites de control tomado por el espíritu comunicante.

Se acepta esta catalepsia como la forma más eficaz de control, y que va desde aquellas que son tenues y no pueden casi ser percibidas, hasta las muy profundas y francamente manifiestas.

Hay algunos elementos de evaluación que nos muestran el control real de la catalepsia y que se la define como un fuerte intercambio de la reserva mental, la energía física y la consciencia entre el mediador y el espíritu interviniente. Las manifestaciones que pueden ocurrir en el cuerpo del mediador son las que ahora se describen: un retardo de la frecuencia cardiaca, una respiración lenta, profunda y firme, sin movimiento del ojo rápido (rem), una disminución de la temperatura del cuerpo y de la sensibilidad táctil, y diferentes niveles de inconsciencia. En esta condición, el espíritu se está comunicando de forma directa mediante la consciencia del mediador, en lugar de usar otros procedimientos como la voz o la escritura del discurso habitual.

En los diálogos logrados durante la comunicación en la catalepsia, existe con frecuencia un discurso entrecortado, inversiones de las frases y un cambio tangible en lo gramatical.

En cuanto al nivel de mando que ejerce en este tiempo el espíritu, no se trata habitualmente de atadura, la persona no está invadida por el espíritu, en la mayoría de las situaciones. El mando o control implica la existencia de una relación telepática entre ambos, y la intensidad de la relación es la que determina el grado de mando, que puede ser desde un pensamiento francamente inspirado al mando consciente o la hipnosis superficial o profunda, hasta la catalepsia muy profunda, que depende del trabajo y la energía mental y física disponible, entre el espíritu y el mediador.

Es casi siempre el mediador el que inicia la comunicación con alguien, y luego el espíritu trabaja operando por medio de su energía mental y física, causando el hecho físico que supera al plano corporal, los fenómenos ocurren, y todos pueden ver y oír lo sucedido.

Las implicancias son mesurables cuando la mente es capaz de crear fenómenos materiales importantes, ella es una pieza importante de estudio de las ciencias espirituales.

El desarrollo psíquico y el uso de sus facultades no tienen relación alguna con la predicción o la profecía. El mediador puede ayudar a veces a superar un desamparo, una crisis personal o emocional, y esto será sin duda un aporte hacia la sanación; pero no es su tarea específica, ya que su realidad tiene varios planos de actuación. La clarividencia ha estado asociada durante mucho tiempo con el desarrollo psíquico, pero esto es sólo un aspecto del potencial psíquico. Se debe apuntar a ser psíquicamente abierto, así como a saber protegerse de sí mismo durante el proceso de desarrollo.

Los mediadores de hoy ayudan con su intervención a responder preguntas, así como a entregar sugerencias a las personas que por demanda espontánea concurren en su búsqueda. Algunas solicitan pruebas de que la muerte no es el final de la vida tal como la conocemos; otras buscan una palabra de consuelo luego de una tragedia que los ha dejado desamparados; hay quienes también están buscando un mejor sentido a sus vidas.

Hoy en día se observa un número creciente de personas que buscan ayuda para su profesión, en asuntos comerciales o para situaciones personales que les están molestando. La amplitud de dificultades manifestadas por las personas que los visitan, que se les presentan al mediador solicitando apoyo, crece de manera permanente en cantidad.

La demanda actual de mediadores calificados crece día a día. Aquellos que pueden ayudar de algún modo a superar una tragedia, avanzando para poner la vida del consultante en un camino más cómodo y contribuyendo a un mejor manejo de las situaciones emocionales son como bálsamos coadyuvantes siempre bien recibidos.

Por lo mencionado en los capítulos anteriores, estos seres tan espirituales, por la forma de hacer sus tareas, son los que generalmente tienen un sacrificado y azaroso paso por la experiencia humana, y por ello deben ser sin dudas protegidos por todos nosotros.

Los grandes desafíos de los mediadores

La azarosa vida personal de los mediadores conlleva ciertos riesgos que deben ser sorteados por ellos, para que sus vidas sean más llevaderas y no generen más estrés del que ya suponen, aun haciendo uso luminoso de sus capacidades.

Algunos de ellos se cuestionan el peligro potencial que pudiera existir para sus vidas, con el irreversible desarrollo psíquico que experimentan. Los riesgos que existen tienen solo una posibilidad de base, en posibles malas gestiones de la utilización de sus capacidades. Por eso es importante que luego del inicio del despliegue y de la instalación de capacidades especiales, los incipientes mediadores consigan una persona mediadora de mayor experiencia, con la que puedan comunicarse hasta encausar el crecimiento y con ello convertirse en sus propios maestros.

El mediador que se inicia y también el de gran experiencia, que está fuertemente motivado debido a que ya aceptó sus capacidades, se encuentran bien protegidos de las influencias negativas y en principio no tienen que temer al proceso de desarrollo psíquico.

El tiempo de desarrollo de las capacidades de un mediador es variable, y cuando se inició, dura casi siempre toda la vida de la persona. En las personas con cualidades innatas, se puede llegar a un desarrollo apreciable, en períodos más breves de tiempo que en otros seres. En cada avance logrado se dispone de nuevos detalles, que abren un nuevo grupo de opciones.

La decisión de iniciar el proceso de desarrollo es importante. Un "mediador par" con experiencia ayuda a que el progreso que se vaya logrando sea suave y sistematizado. Por ende, la asimilación es más firme.

El agregado de esta nueva dimensión a la vida de una persona mediadora es algo para aceptar con toda la seriedad del caso. Muchos de los que logran el aprendizaje se convierten en profesionales en el uso de sus legados; otros, por el contrario, los usan solamente en la ayuda familiar o de amigos.

La capacidad de disponer de la energía curativa que tienen algunos mediadores es un regalo de Dios, y aquellos que la tienen pueden ayudar en algunos aspectos a una persona que esté enferma. Cada uno de estos actos está dirigido al ser humano entero y no a su parte afectada.

La manera en que vivimos, lo que incorporamos en nuestra dieta, lo que pensamos en concepto individual, así como otros muchos factores, determinan nuestro estado de salud y también la forma de restaurar un proceso de enfermedad. Todo ello tiene que ver con un nivel de consciencia o más, que funcionan simultáneamente en el ser humano.

Una alteración local del estado de salud repercute en todo el organismo. Se trata de una existencia multifacética que se manifiesta mental, emocional y físicamente. Un mediador que tenga la capacidad de sanar puede hacerlo por medio de su propia energía o usando las energías curativas de la persona que solicita el servicio de curación, situación esta en la que no parece haber límites, sólo el impuesto por la persona solicitante, como el que se plantea cuando la persona no quiere hablar de su pasado.

Los sentimientos de culpa, enojo, frustración, pueden ser el freno del potencial curativo del solicitante. El mediador no puede prometer resoluciones o curaciones, solo que tratará de ayudar en lo posible con su mediación al solicitante de los servicios.

Entre los grandes desafíos de los mediadores, hay dos que aún luego de ser aceptados en sus vidas necesitan ser revalidados periódicamente, para que no se conviertan en situaciones inmanejables de la vida cotidiana: su sensibilidad, que crece en todas las direcciones y no deja de hacerlo a lo largo de sus vidas, con lo que eso implica para la persona; y su soledad, que se agranda cada día y no cesa de crecer, en parte por la condición especial de vida de estas personas. Ambos temas son muy conocidos por ellas, que trabajan para encausar tales condiciones a su vida real, que ya han sido relatadas por muchos escritores de ciencias espirituales.

Luego del despertar espiritual de la persona que a veces se convertirá en mediadora con el desarrollo de capacidades especiales legadas por Dios para hacer el bien, ella desarrolla una sensibilidad singular que en general actúa como un mecanismo de amplificación de las características de los sucesos que vive en sus experiencias cotidianas. Este mecanismo aumentará de tamaño ante los hechos favorables, colmándolos de dicha y de bienestar, pero de igual manera aumentará los acontecimientos no deseables, aportando a sus vidas desdichas y malestar.

En consecuencia, se puede deducir que la vida de las personas mediadoras es una sumatoria de picos montañosos y de valles profundos, de momentos de euforia y de momentos de tristeza a lo largo del mismo día, que a veces los desgarra, los desequilibra o los frustra.

Sus vidas se convierten en una constante de altibajos, hasta que lleguen a obtener una cierta experiencia en el encauce de sus capacidades, que les permita nivelar y compensar las diferencias existentes entre uno y otro momento de sus vidas cotidianas; ese es uno de los grandes desafíos de los mediadores actuales, en su paso por el tiempo postmoderno que nos toca vivir.

El otro de los desafíos, y que tiene mucho que ver con las nuevas realidades de un mediador, es que cambian los ritmos horarios de su vida, y en primera instancia no pueden armonizar con los horarios habituales de un trabajo común. Esto unido a la necesidad de disponer de casi todo su tiempo, ahora consagrado a la evolución y al crecimiento espiritual, lleva en un futuro cercano a la soledad de esa persona.

Los familiares y los amigos de un mediador emigran en un primer momento, y las posibilidades de un trabajo común se reducen casi a ninguna, debido al cambio horario generado en su cuerpo, que hace que deban permanecer en reposo hasta muy avanzada la mañana, para recuperarse de la actividad nocturna.

Esta nueva situación conlleva una nueva y solitaria realidad, que tratan de superar con el tiempo, cuando la experiencia en la actividad les permite el manejo, hasta ciertos límites, de sus capacidades.

La vida de relación con otros seres humanos se reduce a la expresión mínima en la mayoría de las situaciones, y será también un gran desafío para cada mediador lograr restaurar las relaciones humanas con personas anteriores o posteriores a su cambio evolutivo; hasta que logren comprender su realidad nueva, sus capacidades relacionadas con el mundo no físico, que no conocemos bien, así como sus nuevas necesidades, tan cambiantes y exigentes para algunos de ellos, que a veces los agobia.

Algunas características personales

En su accionar y con los años del ejercicio de sus capacidades, algunos de los mediadores desarrollan destrezas que pueden ser observadas por las personas de su entorno cercano. Estas destrezas plantean con relativa frecuencia algunos contratiempos y rispideces.

Algunas de estas situaciones son el producto de sus propias capacidades especiales y también de sus tareas específicas en la constante vinculación entre el mundo físico y el mundo de los espíritus. Otras, en cambio, son producto de los saltos evolutivos personales del mediador, que tienen lugar luego de la incorporación y del despliegue de las capacidades especiales. También están en la consideración las características de la personalidad que tenía ese ser antes de la llegada de las mencionadas capacidades y que perduraron aún después de todas las transformaciones vividas.

Entre las características más mesurables de algunos mediadores, está la transformación que se manifiesta en ellos frente al mal, ya sea en estado de consciencia o de inconsciencia, por medio de personas o de otras entidades, que se le manifiestan durante su vigilia, en estado de sueño, o en los diferentes estados de catalepsia que puedan lograr.

En estas situaciones, ellos se transforman y reaccionan con gran energía, tratando de disminuir, bloquear o anular toda maldad que afecte su sensibilidad y su espiritualidad. Es muy difícil para ellos manejar la situación, y también lo es para los familiares y los convivientes cercanos, que no saben cómo proceder cuando estas situaciones tienen lugar.

También suelen reaccionar con inusitada fuerza en las situaciones de notable injusticia, social o individual. También ante hechos en los que el mediador es el observador en un plano consciente o de algún grado de catalepsia, y siente una impotencia extrema por no poder hacer nada al respecto. Realmente, cuando esto ocurre es como estar frente a una persona diferente, como si de una manera temporal la personalidad del mediador se viese modificada por un breve tiempo, hasta que el episodio se detiene y vuelve al cauce habitual esperado.

En la mayoría de los casos se trata de aquellas situaciones de injusticia en que se ponen en evidencia los viejos problemas de la sociedad humana que aún no han sido resueltos, como la explotación del hombre o de los niños, la fuerza imponente del belicismo moderno de algunos países, el poco respeto existente por la naturaleza y los equilibrios naturales, la ignorancia respecto del mundo espiritual y de sus necesidades.

Estas situaciones llevan a veces a los mediadores a momentos de desarmonía temporal por algunas experiencias vividas y debido a su hipersensibilidad los afectan de una manera notable, a veces preocupante.

Entre las características observadas en algunos mediadores y que están relacionados con los cambios personales, que tienen lugar luego del proceso de instalación de capacidades especiales, se observa una que sobresale y que es muy tenida en cuenta por las personas de su entorno personal, los rápidos cambios del estado anímico del mediador. Es frecuente observar en un breve lapso de tiempo los estados de euforia seguidos a la brevedad por otros de tristeza y de depresión, sin causa atribuible a las vivencias del mundo físico. Se asemejan a puentes espirituales con el mundo físico, que a veces para proteger a sus seres queridos los alejan de su entorno, sin la certeza de que algún día volverán a su cauce natural vinculativo.

También se observan con frecuencia actitudes obsesivas en el accionar de algunos mediadores, en especial cuando les dan curso en sus vidas a objetivos que son viejos anhelos no logrados todavía. Cuando los tiempos transcurren y no pueden lograrlos, se pueden observar episodios que muestran por las claras hasta qué punto quieren lograr sus metas.

También en relación con estos cambios se observan en algunas situaciones manifestaciones claras de "agrado y desagrado" casi al mismo tiempo, sin poder relacionarlas con hechos reales que lo justifiquen.

En algunas oportunidades pareciera que tienen necesidad de incomodar a otras personas, frente a la propia, de tener que vivir determinadas experiencias inesperadas y no deseadas, producto del ejercicio cotidiano de sus capacidades especiales. Eso en parte puede entenderse desde la visión de una persona que forma parte de la familia o del entorno cercano a ella; sus vidas están siempre dispuestas al bien, pero también expuestas al mal.

Son frecuentes las experiencias en las que somatizan alguna situación, derivadas de sus vivencias en estado de catalepsia. Parte de ellas pasan al cuerpo del mediador, al regresar este al estado consciente, que es el que recibe el impacto y acusa la dolencia. Esto hace que algunos mediadores estén usando con frecuencia medicamentos analgésicos, relajantes musculares o necesitando de masajes para calmar sus dolencias, contracturas musculares o dolores inexplicables desde lo cotidiano.

Entre las características personales que se mantienen aún después de la instalación de las capacidades especiales, podemos mencionar que de una manera muy general son seres a veces incomprendidos que necesitan sentirse queridos, porque les resulta imprescindible y les da sustento para seguir su camino, con frecuencia muy solitario.

A veces se inclinan por la actuación y la dramatización de situaciones, para lograr la atención de las personas de su entorno, que por alguna razón admiran. Sus posibilidades de ser felices en su paso por la experiencia, aun cuando ya tienen desplegadas sus capacidades especiales y las han aceptado, son casi siempre limitadas, a pesar de los esfuerzos que algunas de ellas hacen para lograrlo.

También es notable su comportamiento dirigido a controlar todos sus actos en el desarrollo de sus relaciones humanas, y se observa la actitud inconsciente de algunos actos, en cuanto a deslindar o diferir en el tiempo sus responsabilidades del accionar cotidiano.

Por todo lo enunciado, y para que los mediadores evolucionen, crezcan y cumplan sus propósitos delegados por Dios, ellos deben ser cuidados, protegidos y contenidos por los familiares así como por el entorno humano cercano a sus vidas.

La persona común comparada con la mediadora

En el mundo real de una persona mediadora convergen dos importantes situaciones: por un lado, la persona común, que trata de vivir su vida lo mejor que puede, según su saber y su entender. Por el otro, la persona con capacidades especiales que ejerce sus legados para el bien de sus semejantes, sabiendo, luego de un tiempo de experiencia, que en algunos momentos de su vida realiza tareas en estado de inconsciencia o catalepsia de algún grado, ignorando por ende gran parte de lo realizado.

Estas dos imágenes se conjugan todo el tiempo en la misma persona, generando matices especiales en ellas. La sensibilidad mencionada ya en otra parte de este libro se convierte en hipersensibilidad, luego de la instalación de sus capacidades especiales, y funciona como una válvula amplificadora de ambos sentidos: para la percepción del bien, pero también para la percepción del mal. Pueden receptar de una manera amplificada, lo que viene del campo de la luz y del bien. De manera opuesta, pueden recibir con gran impacto lo que viene del campo oscuro y del mal, afectándolos muchísimo, a veces hasta el desequilibrio temporal.

En ocasiones tienen la tendencia a imponerse por sí mismos tareas comunitarias que luego no pueden cumplir, debido a la necesidad de estar siempre disponibles al servicio de sus legados. Esto se enmarca en la concepción de sentirse útiles para su medio y para su gente. Estas situaciones de no poder concretar determinados anhelos les causan a veces grandes desdichas.

Los primeros antecedentes registrados con mediadores modernos remiten a mediados del siglo XIX, en que dos hijas de un matrimonio de la ciudad de Nueva York en los Estados Unidos de Norteamérica habían desarrollado capacidades especiales para la comunicación con el mundo espiritual.

Este fue el inicio conocido de un movimiento que adquirió una difusión en todo el mundo y que logró con el tiempo, una popularidad inusitada.

Los mediadores sensitivos suelen ser confundidos a veces con las personas que presienten acontecimientos futuros, y en realidad tal capacidad suele estar unida a esta clase de mediadores. La diferencia estriba en que los primeros poseen la sensibilidad para percibir a veces la presencia de otros seres angélicos, así como también vibraciones provenientes del mal. Son personas impresionables, que pueden llegar a retirarse de un lugar o de una reunión cuando el ambiente en el que están o alguna de las personas presentes en la reunión les resulta nocivo.

Sus sentimientos deben ser tenidos en cuenta en una situación o acontecimiento determinado. Establecen los contactos porque han aprendido a lograr la armonización con frecuencias y con vibraciones que provienen del mundo espiritual, y logran sintonías con seres espirituales para la comunicación buscada.

Esta secuencia de actividades comienza con los pensamientos que logra el mediador cuando está frente a la persona que quiere establecer la comunicación con el mundo de los espíritus; si algún ser del mundo no físico reconoce esos pensamientos, tendrá la oportunidad de lograr la comunicación buscada.

Los mediadores, como ya se ha descripto en capítulos anteriores, poseen diversas capacidades, que tienen como propósito demostrar la existencia de una nueva situación de vida luego del paso por la muerte de una persona, ayudar a otras personas con el consuelo y el consejo, y además crecer evolucionando para el desarrollo de su propia espiritualidad.

Son diversos los caminos por los cuales una persona llega a adquirir las capacidades especiales o legados: algunas nacen con las capacidades que desarrollan a lo largo de su vida, otras se encuentran con ellas luego de vivir una situación límite que las pone al borde del desamparo, y en algunos casos, llegan en el camino de búsqueda de respuestas existenciales.

Algunas habilidades psíquicas las tenemos todas las personas, pero solo algunas logran desarrollarlas, para hacer el bien en el mundo físico. La intuición, la perspicacia o la premonición son cualidades que nacen con nosotros; algunas personas logran desarrollarlas, otras personas, en cambio, no pueden. En cualquiera de las situaciones mencionadas, si a las personas con capacidades especiales no se las estimula para que sus legados se desarrollen y evolucionen, estos se pueden llegar a perder en el transcurso de la vida.

La mayoría de los mediadores psíquicos de hoy, que ejercen sus capacidades, utilizan su mente como una gran antena receptora y luego pasan los mensajes verbales. Solo pueden confirmarse en el aspecto personal de los seres y no en detalles de la vida de los seres que ya se han ido y que tienen lugar en el mundo espiritual.

La tarea de conectar con los espíritus es una de las más importantes que pueden realizar los mediadores, ajustando el conocimiento, para permitir que los sentidos vayan más allá de las tres realidades físicas dimensionales. En el mundo físico la persona tiene los cinco sentidos básicos, pero el cuerpo etéreo de un mediador también puede oír, ver y sentir; capacidades que se conocen con el nombre de clariaudiencia, clarividencia y clariesencia. El mediador puede, si él así lo quiere, usar estos sentidos que son más poderosos que los físicos, para relacionarse con personas y con sus espíritus.

Los cuidados que deben tener los mediadores para el diálogo con los espíritus son el grupo de premisas más importantes para su accionar cotidiano. Ellos deben tener en cuenta precauciones que la experiencia exige, para evitar los posibles hechos con entidades traviesas, que pueden realizar picardías con personas confiadas.

La libertad de pensamiento del mediador le permite ser muy específico en sus llamados espirituales, para dialogar con espíritus buenos, que son los espíritus al servicio de Dios.

Los espíritus tienen la necesidad de explicarse y, cuando fue reciente el paso por el fallecimiento de la persona, es más fácil para un mediador conectar con ellos y oír sus mensajes; ya que en otro plano existencial no han perdido todavía el contacto con las personas vivas. La necesidad de algunos de ellos de explicar algunos sucesos de su última fase como personas es notable y comprensible, a veces aclaratoria de algunos hechos de su vida.

El desarrollo psíquico de los mediadores es constante si poseen la actitud adecuada, y su accionar a veces se yuxtapone a la acción de otros profesionales del mundo físico; debiera, por tanto, ser considerada como una acción adyuvante que no es conveniente que sea ignorada o subestimada.

Si el accionar de un mediador puede ayudar a alguien: a superar un desamparo, resolver una crisis personal o también a salir de una situación emocional profunda a una persona, es un acto de armonización espiritual y por tanto debe ser recibido con beneplácito.

La persona con capacidades especiales que se convierte en algún momento de su vida en mediadora debe afrontar en cada momento de su experiencia humana el sutil y difícil equilibrio que implica mediar entre los dos mundos, el físico y el no físico, sin perder su propio balance. Esto supone una escala de valores muy sólida, que se mantenga incólume frente a los cimbrones que les producen las conexiones cotidianas o las comunicaciones con los seres espirituales, por un lado, y las personas con sus intereses habituales, por el otro. Esos seres tan especiales que son los mediadores deben ser protegidos por todos nosotros, por todas las personas.

La visión de los mediadores

Muchos mediadores tienen la capacidad de clarividencia, que es la habilidad de ver aquello que se halla oculto a la mirada física común de las personas. Con cierta frecuencia está acompañada de otra capacidad, la clariaudiencia, que es la habilidad de poder escuchar aquellos sonidos que están por fuera del rango audible de la mayoría de los seres humanos.

Existen diferentes clases de clarividencia, según las experiencias vivenciadas por los mediadores frente al despliegue puntual de sus capacidades. Las más frecuentes son: la clarividencia simple, la clarividencia en el espacio y la clarividencia en el tiempo.

La clarividencia simple le permite al mediador que la ejerce distinguir las entidades astrales o etéricas que se encuentren en su entorno, en el tiempo presente. En ese caso no le permite observar a la distancia escenas que han tenido lugar en otro tiempo, o en otros lugares geográficos.

La clarividencia en el espacio le permite al mediador que la ejerce ver sucesos que transcurren a la distancia del vidente, en oportunidades a grandes distancias, imposibles de percibir por medio de la visión común o física. También le permite la observación de objetos que están ocultos y que obstruyen la visión física, por su posición intermedia.

La clarividencia en el tiempo es la capacidad que tiene un mediador de ver objetos alejados físicamente del vidente, al igual que sucesos que ocurrieron en el pasado o que ocurrirán en el futuro.

Esta capacidad de la videncia que tienen algunas personas es esencialmente una cuestión de vibraciones que ellas reciben e interpretan, que pasan por un enorme océano de aire y de éter que llegan desde afuera del sujeto y hacia el cual seguramente respondemos de alguna forma. Algunas de estas vibraciones de cierta frecuencia producen una respuesta en la retina de los ojos humanos, que se reflejan en los objetos y nos producen la sensación de luz y que luego emana o se reflejan dando un color determinado. Fuera de ese rango de vibración, no podemos ver esa luz.

Las personas con capacidades especiales pueden ver y oír fuera del rango de vibraciones humanas comunes. Por lo tanto, existen vibraciones más lentas que las del sonido, y otras que son más rápidas que la luz, que pueden ser recibidas e interpretadas por estos sujetos.

La capacidad de cada ser humano es diferente para responder a una misma vibración, aun dentro de límites reducidos a la que están expuestos los sentidos físicos. No se refiere a la agudeza natural de la vista o del oído, sino a la extensión de susceptibilidad de su poder de visión o de audición, más allá de lo comúnmente observado en las personas.

No hay, por lo tanto, un límite que se pueda fijar a las capacidades del hombre para responder a las vibraciones etéreas o aéreas. Algunas personas tienen esta capacidad más desarrollada que otras, y hasta puede variar según las diferentes situaciones en que se encuentran o las diferentes horas del día.

Es posible entonces que un ser humano desarrolle con el tiempo ciertas capacidades que le permitan ver u oír vibraciones imperceptibles para otros. Esto en cuanto al desarrollo de los sentidos puramente físicos, de la persona en relación con su cuerpo etéreo, que tiene gran cantidad de materia y que posee todavía algunas facultades latentes.

Pero la persona tiene además un cuerpo astral y un cuerpo mental, que pueden ser puestos en funciones con el tiempo respondiendo a la vez a las vibraciones de la materia de su respectivo plano, abriendo, a medida que aprende a funcionar, dos planos completamente nuevos al conocimiento.

Estos planos rodean a la vez a la persona fundidos unos en otros, como en una clase de materia subdividida con extrema sutileza y vibrando con mayor rapidez, lo que nos lleva a cualidades y a estados de la materia que son por completo nuevos.

El desarrollo parcial o completo de cualquiera de estas capacidades encuadra con el concepto de clarividencia anteriormente expuesto, pero ellas pueden desplegarse de varias maneras. Asimismo, conviene que las personas desarrollen estas capacidades con el asesoramiento y con la supervisión de un guía, sin peligros y con la seguridad de que el camino por donde transitan es el mejor para ellas. Con el tiempo tendrá un manejo cómodo de la capacidad, sabiendo que la podrá usar por completo y constantemente en el desarrollo de su tarea espiritual.

Lo que sí puede llamar la atención es que ocurra de manera espontánea en personas de culturas primitivas o de bajo nivel informativo, lo que demuestra que la sensibilidad de tales culturas difiere en la forma en que las obtienen, con respecto a la de un ser perteneciente a un estrato de individuos de calificada y sistemática educación moderna.

La explicación conocida es que el doble etérico de la persona está en relación cercana con su sistema nervioso, y cualquier acción en uno de ellos produce respuesta de forma inmediata en el otro. En la vida etérica del hombre primitivo de algunas culturas antiguas de ciertas áreas geográficas, la alteración nerviosa correspondiente estaba radicada casi totalmente en el sistema simpático, fuera del dominio de la voluntad de la persona. Es una sensación sólida, que pertenece al cuerpo etéreo más que a algún órgano en particular.

En culturas más desarrolladas, en cambio, la capacidad es precisa y exacta; está bajo el dominio de su voluntad y es ejercida por medio de un órgano definido, casi exclusivamente por el sistema cerebro espinal, que en armonía con la pureza moral y con el equilibrio mental, es una bendición para el poseedor de tales capacidades.

Los mediadores pueden tener la capacidad de la clarividencia simple, que es un inicio de la visión etérica o astral, que le permite a la persona que tiene el legado ver a su alrededor en los dos planos mencionados; pero no puede ver a gran distancia de donde está, ni leer el pasado o el futuro.

No obstante, debido a que la visión astral tiene una extensión mucho mayor que la física y que de vez en cuando se presentan cuadros del pasado o del futuro, hasta a los clarividentes que no saben cómo buscarlos los ayuda; son solo situaciones accidentales, ya que los poseedores de esta capacidad no tienen el poder definido de proyección.

Entre las personas sensitivas, se pueden observar todos los grados de esta clarividencia: desde la persona que tiene una incipiente visión, hasta la que posee una visión etérica o astral completas.

La visión etérica consiste en ser susceptible a una serie de vibraciones físicas mayores a las que tiene el común de las personas; y en el caso de los objetos inanimados, estos, casi en su totalidad, son vistos como objetos transparentes por parte de las personas que poseen esa capacidad, lo que se debe a la rapidez de las ondas en algunas de las vibraciones, a las que la persona se ha hecho ahora susceptible. Cuando la capacidad está totalmente desarrollada en la persona, podrá ejercerla cuando lo necesite, con prontitud y facilidad.

La visión astral aporta lo que parece corresponder a la cuarta dimensión. La mencionada suma a la visión por transparencia de los objetos la de integración de todos los lados de un objeto así como las partículas del interior, como si estuvieran en un mismo plano observado desde una nueva dimensión; en ángulo recto, con todas las direcciones que conocemos. La persona con esta capacidad puede mirar todo lo que la rodea desde un punto de vista nuevo, por fuera de todo lo que hasta el momento hubiera imaginado. Puede leer cualquier página de un libro cerrado, como si fuera la única página. Puede ver, al mirar a una persona, su aura astral, cambiando de colores según cada variación de los pensamientos y de los sentimientos del ser que se manifiesta en ése plano.

Los mediadores pueden tener también la clarividencia en el espacio, que es la capacidad de ver sucesos a distancia de la persona vidente, muy alejados para la visión común de la mayoría de las personas. Los hechos de estas características son numerosos y diversos; se los puede dividir en dos grandes grupos: por un lado, los que reflejan una clarividencia intencional en el espacio, y por el otro, los que reflejan una clarividencia no intencional en el espacio; existen, además, situaciones intermedias con grupos de acontecimientos de semiintencionalidad.

La persona que tiene la capacidad de la visión astral desarrollada en su totalidad podrá ver, si tiene intención de hacerlo, casi todo lo que desee ver en este mundo. No existen obstáculos para visualizar cuando una persona puede moverse en su cuerpo astral, ni para ir a todos los lugares dentro de los límites de este planeta.

Esta clarividencia puede lograrse por cuatro caminos y un quinto también, con la ayuda de un espíritu de la naturaleza, sea por invocación de este o por evocación.

Los cuatro caminos descriptos con anterioridad son: una corriente astral; la proyección de una forma de pensamiento; el viaje en el cuerpo astral; y el viaje en el mayavirüpo desarrollado para el caso, con la sustancia del cuerpo mental de la persona vidente: vehículo que pertenece al plano mental devachánico, que es la síntesis de todos los sentidos, solo al alcance de una persona ejercitada.

La clarividencia semiintencional agrupa los hechos de las personas que se proponen ver algo, sin tener idea de lo que verán y sin dominio alguno sobre la vista. Algunos mediadores en trance logran el estado con esta denominación, describiendo luego las escenas o personas que se ponen al alcance de su visión. A veces en este estado ven un acontecimiento que sucede a distancia y de esta manera entran en la denominación de "clarividentes en el espacio".

Los hechos de clarividencia no intencional son aquellos en que las visiones ocurren son de manera inesperadas y de forma imperativa para el vidente, sin ninguna preparación previa.

Hay personas que son aptas para recibir tales visiones, mientras que muchas otras tienen estas experiencias solo una vez en la vida. Algunas veces la causa de la ocurrencia de la visión es muy importante, en otras, en cambio, no se descubre razón alguna, y de vez en cuando los hechos vistos parecen de lo más triviales. En ciertas situaciones ocurren en estado de vigilia, en otras se manifiesta durante el sueño, presentándose como sueños vívidos a menudo repetidos.

También hay una clase de visiones que ocurren en los clarividentes casuales, eventos que no tiene una causa conocida, que en apariencia carecen de significado y que no tienen relación alguna reconocible, con sucesos que son de importancia o conocidos por el vidente. A esta clase pertenecen las visiones que tienen algunas personas antes de dormirse. Se ven como con otros sentidos no físicos, que llegan directamente al centro de la cabeza, y no por medio de los ojos.

La clarividencia en el tiempo es la capacidad de ver en el pasado y en el futuro. La tienen determinadas personas en muy diferentes grados, desde la persona que domina por completo ambas facultades hasta aquella que en ocasiones e involuntariamente ve escenas de tiempos pasados. Las visiones de la última clase son con frecuencia cuadros aislados con los que se tiene dificultad, para relacionar con algo que hubiera ocurrido antes o después, o también, para explicar algo particularmente relevante del cuadro observado.

En el caso de visiones prospectivas o de futuro, un mediador con la capacidad totalmente desarrollada puede seguir el hecho hacia delante o hacia atrás el tiempo que quiera y llegar a las causas que lo originaron, así como al resultado final, con las limitaciones de la información recibida, que es a veces imperfecta o imprecisa, lo que suele impedir sacar conclusiones de lo comunicado.

Existe también otra variedad de clarividencia: es poco frecuente, y los detalles que se conocen no permiten la determinación con certeza. Son los hechos de las visiones de ejércitos espectrales o de ganados fantasmales, relatados en algunos lugares geográficos del mundo. Los fundamentos de estos relatos son diversos y abundantes.

Las capacidades especiales de la clarividencia fueron y son otorgadas a personas que han sido elegidas por sus características personales notables, en especial por su probada moralidad y sabiduría, con la certeza de que fueron y son personas que comprendieron que a mayor capacidad o poder corresponde una mayor responsabilidad en el manejo de la visión recibida, herencia de la gran memoria de la naturaleza, que no puede ser desconocida ni ignorada por las personas que tengan los mencionados legados.

La impotencia de los mediadores

El ser humano tiene la necesidad de vivir en sociedad y lo ha hecho a lo largo de su historia, transformando esta por medio de la modificación de las reglas o los cánones que pautan la convivencia de los núcleos humanos. La misión principal de ella es algo que ya sabemos, es reproducir el ser social que necesita esa sociedad, por medio del sistema educativo regular y por lo aportado generacionalmente como valores de convivencia de la familia progenitora, dando lugar a un proceso evolutivo que cuando reproduce el ser social que esa sociedad necesita para ese tiempo se considera un suceso trascendente.

Frente a esta realidad, algunos mediadores en el despliegue y en la utilización de sus legados pueden llegar a jugar un rol que en determinadas sociedades puede resultar de riesgo para su vida cotidiana si no se detienen a reflexionar sobre los posibles intereses de determinados grupos humanos. Ya que estos no se detendrán cuando quieren lograr sus objetivos, aun pasando por encima los valores otorgados por los derechos civiles o inclusive poniendo en grave peligro la vida física de los seres sensitivos.

La sociedad de nuestro tiempo se puede valer de todas las estrategias disponibles para que algunos grupos lleguen al poder económico, para luego aspirar en algunos casos al interés político, que es en definitiva una forma de participar de las decisiones que se toman en un país o región geográfica determinada del mundo.

En ese camino se ocupan los lugares que sean precisos, se seduce de alguna forma a las personas que sean necesarias, para allanar ese canal que en un momento inicial puede ser un sendero poco accesible, y que con el tiempo se convertirá en una ancha autopista.

Las actividades realizadas por estos grupos pueden ser casi imperceptibles, o solo visibles para expertos en el tema, dedicados a buscarlos.

Siempre en el plano oscuro del tema, algunas de estas actividades lesionan en mayor o menor grado a la sociedad que los nutre de jóvenes y los enriquece, cuando las personas que forman parte de esos grupos llegan a su adultez.

Con cierta frecuencia, este accionar es conocido en los ámbitos del delito por sus coautores o por grupos que de alguna forma son competencia de mercado de los primeros.

En este mercado la compra y la venta de casi todo es en la mayoría de los casos posible, para los que están dispuestos a pagar el precio puesto por los proveedores. Lo son también las condiciones de entrega de los productos solicitados, y hay algunos de ellos que aún no han sido aceptados por la sociedad. Suelen ser tolerados por ella, por la naturaleza material del producto, y si bien la sociedad no hace oídos sordos, suelen ser mejor tolerados por ella y provienen del mismo exceso de riqueza de algunas personas.

Otros productos, en cambio, que tienen como destinatario final al mismísimo ser humano, y cuyo mercado es por cierto francamente abominable, no son tolerados por la sociedad. Pero en el mundo de hoy es poco lo que pueden hacer las personas de forma individual frente a tales aterradores mercados, que de una forma muy programada, se dedican a esquilmar y expoliar los frutos de una sociedad, región geográfica o país determinado.

Es espeluznante pensar o imaginar tan solo algunas de las prácticas delictivas de estos grupos, que ya no respetan ningún código, inclusive los viejos códigos de otrora, que si bien expoliaban a su sociedad, lo hacían dentro de ciertos cánones y parámetros, que todos los grupos dedicados a este oficio respetaban.

Algunos mediadores con capacidad para desplazarse en su vehículo astral tienen la posibilidad y también el infortunio de enterarse de cierto accionar delictivo en sus estados de catalepsia, a veces involuntarios y otras inducidos, para algún propósito distinto; visualizan lugares, situaciones o hechos que lo llevan a entender con pesar y con tristeza lo que algunas personas les hacen a otras, para lograr alguna clase de beneficio, que generalmente es monetario.

Estas visiones con frecuencia los desequilibran, porque ellos sienten la impotencia frente a los irreversibles hechos y se preguntan por qué deben ver esas situaciones, si nada eficaz pueden hacer al respecto, debido a las implicancias que tendría a nivel personal o familiar denunciar tales eventos a las autoridades, considerando lo peligrosas que son las mencionadas organizaciones.

Los mediadores vivencian estas experiencias con gran congoja e impotencia, como una terrible desgracia, y como una de las situaciones incomprensibles para ellos, porque se preguntan una y otra vez, hasta la desesperación: "¿Por qué razón yo puedo, en el cotidiano uso de mis capacidades, visualizar situaciones inentendibles y que afectan a un ser humano, y que por cierto afectan más a seres con una sensibilidad aumentada, si casi nada puedo hacer al respecto de la situación? ¿Cuál es el mensaje para las situaciones como las descriptas, que no logro entender y que me inmovilizan?".

Este es uno de los grandes dramas de las personas, que son mediadoras entre el mundo espiritual y el mundo físico en que vivimos. Este último a veces está pleno de realidades que nos lesionan por su crudeza y por ser poco comprensibles, situaciones y hechos que en su gran mayoría pueden evitarse.

Esta son las impotencias que afectan directamente al corazón físico y el bienestar personal de los mediadores, que de buenas maneras tratan de llevar una vida lo más común y estándar que pueden, sin ánimos de llamar la atención y rodeados de seres que los nutren y los protegen, haciendo todo el bien que pueden. Pero lo cierto es que en general tienen grandes dificultades para funcionar en el mundo real y siempre ha sido así, en el ayer con grandes riesgos y persecuciones para su vida, en el hoy con una división interna importante de su ser, que les hace tener muchas dificultades de adaptación, lo que cotidianamente les causa conflictos dolorosos.

A veces los mediadores se preguntan por qué ellos han sido elegidos para recibir estos legados que con frecuencia semejan eventos de pesadillas. En ciertas ocasiones quieren devolver sus legados, aun a sabiendas de que no es posible hacerlo. Las respuestas a estas preguntas les llegan en los siguientes momentos de la meditación, que es el tiempo mayoritario de sus vidas: "Son las tareas que Dios les ha legado, que deben ser cumplidas o vividas, sin saber muy bien por qué y en otros momentos sin saber del todo por qué no pueden ser entendidas desde una perspectiva humana". Sin embargo, estas tareas deben realizarse con el propósito de cumplir con el Gran Plan Divino, escrito de antemano por el Creador y para ser desarrollado por algunos seres humanos elegidos para el trabajo.

Una minoría a veces segregada

Los mediadores son junto a los seres sensitivos, los formadores integrantes de un grupo humano muy reducido en cantidad, que a veces puede llegar a constituir para algunas sociedades una minoría humana no muy comprendida. Francamente con posibilidades de ser marginada en ciertos entornos sociales, incluso en algunas situaciones pueden ser una minoría segregada y discriminada.

A estos seres tan especiales Dios los ha dotado, por razones que desconocemos, de una sensibilidad diferente, que les permite recibir, interpretar, decodificar o traducir vibraciones determinadas provenientes del mundo exterior a nuestros sentidos y que por su intermedio se convierten en mensajes, videncias o tareas que deben realizar en el mundo físico de las personas, que son específicos para ellos, que no pueden ser recibidos por el resto de las personas. Ellos viven ensamblados y ligados a sus creencias, con sus soledades y con sus tristezas, a veces exacerbadas por su hipersensibilidad debida todo a lo que tienen que ver, particularmente padecen frente a la observación de injusticias.

De este modo logran convertirse en personas que en algún momento de sus vidas desarrollan capacidades especiales, con un sinnúmero de vicisitudes de un alto nivel de subjetividad. Cuando se los contempla desde fuera del contexto, sin profundizar en la secreta lógica que los anima, pueden llevar al observador no preparado a la dificultad de no poder establecer cuánto de objetivo hay en ellos y cuánto pertenece al mundo desconocido de la irrealidad.

Esto nos lleva al incomprendido tema de que "el ser humano es mucho más, en calidad y también en cantidad, de lo que parece". Lo cual se pone en evidencia y se convierte en una realidad cuando vemos aflorar los acontecimientos de la vida misma en los hechos cotidianos de un mediador, en los que se pueden seguir las admirables intervenciones providenciales, que nunca dejan de manifestarse en los momentos cruciales de su existencia. Los propósitos se desconocen, pero que no admiten respuestas apresuradas, que no hayan sido maduradas previamente en el corazón, para luego pasar a la mente humana.

Es incómoda la situación de la ciencia al tener que negar sistemática y enérgicamente la existencia de hechos que contradicen las premisas fundamentales sobre las que ella se basa. Pero estas manifestaciones del componente increíble de la realidad solo se presentan en la vida de algunas personas con perfiles excepcionales, personas muy especiales y elegidas, que pasan desapercibidas para la mayoría de la gente.

En relación con estas personas, que tienen este "componente increíble", se piensa que ya es tiempo de deponer las estrategias del desprecio, la burla y la suficiencia que se les deparan.

Algunas ciencias de hoy se resisten a considerar "primitivas" las culturas de algunos pueblos, porque han entendido que el hecho de encontrarse más en contacto con la naturaleza hace más genuina su cultura.

Los nuevos estudiosos se abren a la comprensión de lo desconocido y también a la confrontación de ideas, aceptando de antemano que no existe cultura alguna, por añosa o conservadora que sea, que no pueda enseñar algo a nuestros líderes o maestros actuales.

La cultura occidental casi siempre ha sido sobrevalorada y ha tendido a subestimar al resto. Esta situación parece haberse serenado para dar paso a una nueva opción de posibilidades para la reflexión tranquila y sensata de estas realidades.

A lo descripto sigue la mirada que está dirigida ahora a un círculo específico de nuestra área cultural, hacia personas que están entre nosotros, distribuidas en los distintos estamentos étnicos y culturales, que tienen creencias propias unidas a particularidades de la fisiología mental o corporal, que las distinguen mucho de las mayorías.

El tema está por cierto dirigido a las personas que son mediadores sensitivos o videntes, tan particularmente dotadas por la naturaleza de sentidos especiales mediante los cuales logran tener contactos frecuentes o circunstanciales con fuerzas y conocimientos de las fuentes universales. Comparten con las mencionadas culturas ancianas capacidades o facultades insólitas, que son consideradas como un honor entre ellos; en comparación con la supuesta actividad no genuina desarrollada por los protagonistas de hoy. La situación de tales personas suele ser en Occidente de auténtico rechazo y segregación, hasta que la Providencia muestra el accionar de los verdaderos representantes del mediador respetado.

Se soslaya y se olvida a veces que entre "esos seres tan especiales", se han encontrado en el ayer y también en el hoy personalidades de gran renombre en lo intelectual y moral, que están integrados perfectamente a la estructura social a la que pertenecen; expuestos con frecuencia a tendencias enfocadas en desvalorizar con pretextos científicos los fenómenos que sólo se pueden comprender desde el cristal de la ciencia.

Las mentalidades y las costumbres de los mediadores, tienen particularidades específicas, que los diferencian del resto de la comunidad considerada. Ellos siguen hoy esforzándose por camuflar las capacidades especiales que han recibido como legados, y existen muy escasas excepciones de personas que tienen sus capacidades y que no las disimulan. En menor frecuenca aún están las personas que utilizan abiertamente sus legados para alguna tarea en la vida cotidiana.

Las personas que forman el entorno cercano y también los núcleos humanos de la sociedad actual deben fijar su posición favorable frente al problema de la segregación y el aislamiento planteado a los mediadores, tratando de comprometerse con la no persecución así como con la aceptación de estos seres tan hipersensibles, que buscan un lugar abierto y cómodo donde puedan tener, por un lado, una vida común como tiene cualquier integrante de la sociedad moderna, y por el otro, una inserción útil de sus capacidades para hacer el bien y armonizar a los seres más necesitados y sufrientes, haciendo que el legado recibido sea aplicable en su entorno.

Los caminos del encuentro

Los mediadores que se han consagrado a su actividad cotidiana principal, de mediar entre el mundo físico y el no físico, aceptando sus legados como una gracia de Dios, tienen, casi todos, una iniciación espiritual muy diferente en el momento del despliegue de sus capacidades y una vida plena de vicisitudes.

Con todo ello, en general tienen algunos bordes en donde se encuentran con otros seres que son sus pares, con capacidades semejantes, pero no iguales, y en su consagración como mediadores cada cual logra ser su "propio maestro" en su camino por lograr el aprendizaje total para el que está estimulado y condicionado por otros seres espirituales.

No obstante, hay un hilo conductor que relaciona algunos momentos especiales de sus vidas con los de otros seres, que son también sus pares, por caso algunas situaciones comunes en sus existencias, tan teñidas de angustias y de sufrimientos por las experiencias que les han tocado en su tiempo y en su lugar de origen.

Sabemos de personas o de pueblos en los que los mediadores no han logrado que hablen de ellos, se dice que no tienen historia, a menos que puedan lograrlo por las características excepcionales de su desconocida personalidad, que emerge en un momento de moda o en otra circunstancia.

De una manera muy general, la infancia de las personas que luego despliegan dotes de mediadores pasa en la mayoría de los casos por desapercibida. Tales personas fueron y son en su mayoría mujeres, personas de escaso nivel de instrucción o educativo regular, habitantes de poblaciones pequeñas, o campesinos de aspecto sano, tranquilo y de fácil sonrisa.

En ese tiempo de la infancia o en el comienzo de su pubertad, comienzan a notar la instalación y el despliegue de sus capacidades especiales, y es entonces que emergen las primeras manifestaciones exteriores de lo que los técnicos de la especialidad catalogan como distonías neurovegetativas. Están representadas por náuseas, dolores de cabeza, sudores fríos, desvanecimientos, en su mayoría repentinos, pero que no llevan a ningún diagnóstico preciso, cuando son estudiados por los procedimientos médicos habituales.

Estas manifestaciones ocurren también de manera análoga a la descripta en determinados jóvenes de culturas primitivas que se sienten de pronto convocados por la vía espiritual a la vocación de sanador de su propia comunidad tribal.

Los seres humanos que son mediadores y que por decisión propia o por alguna razón llegan al matrimonio siendo jóvenes adultos logran aquietar a veces las manifestaciones exteriores descriptas por un tiempo. En algunos casos, los desvanecimientos corresponden a verdaderos "estados de trance" logrados y, que continúan en la vida de la persona a veces por mucho tiempo. La evolución espiritual seguirá sin pausas y tal vez sin prisas, pero continuará, a menos que sabiendo el sujeto lo que realmente le está pasando por haberse informado, se proponga con toda su voluntad inhibir la propia evolución espiritual.

Si la persona mediadora es mujer, con la llegada de los hijos suele prolongarse la quietud durante algún tiempo más, pero más tarde o más temprano la mediumnidad que había en estado de latencia saldrá a superficie con toda su fuerza.

Cuando se produce el encuentro espiritual entre un joven hipercrítico o escéptico y un mediador desplegado y que ejerce sus capacidades especiales desde hace mucho tiempo, con frecuencia ocurre que el joven crítico se verá en algún momento dividido por la situación frente al caudal de vicisitudes que un mediador puede relatar, casi siempre al borde de lo maravilloso y también de lo improbable. El joven escéptico se verá dividido frente a dos posibles situaciones o corrientes: en una de ellas, absorbiendo todo lo que puede recrear un mediador, en el relato pormenorizado de sus experiencias; en la otra, resistiendo mediante las cómodas posiciones de la crítica y de las dudas, así como con las objeciones a los relatos escuchados.

En rigor, la vida tiene necesidad de "cierta respuesta" de improbabilidad de vez en cuando, pero sin llegar a frustrar todo atisbo de la espera o de la esperanza.

En algún momento de sus vidas, los mediadores despliegan sus capacidades especiales y pueden tomar entre otros dos anchos caminos: trasladarse desde su lugar de origen hasta la gran ciudad y promocionarse, como método para lograr la supervivencia, por los medios masivos de la difusión o de la promoción personalizada desde sus domicilios; o vivir humildemente en su lugar de origen, recibiendo compensaciones mínimas de la clientela ocasional, que ayudan con su notoriedad, e imponiendo reglas bien precisas para poder administrar con eficacia sus talentos.

Cuando algún familiar predecesor del mediador tuvo o tiene alguna capacidad especial que por diversas razones no conoció, o no pudo o no quiso desarrollar en su vida, surgen a veces conflictos difíciles de explicar, que se manifiestan con accesos de ira y de descontrol, entre el progenitor y el mediador joven, que apuntan a mostrar una brecha entre el uno y el otro.

Esto es porque el progenitor a veces ha conseguido desde sus inicios reprimir o dominar su mediumnidad a fuerza de voluntad, de miedo y de oraciones, algo no deseado para él y por tanto odiado por sus herederos.

Esta situación vista desde fuera del grupo de personas que tienen capacidades especiales hace pensar y esperar que el progenitor que conoce algo del tema por haber tenido algunas experiencias relacionadas con la mediumnidad ayudaría al que se está iniciando.

Casi siempre la vida de todos los mediadores tiene un capítulo mágico de adulto y otro penoso, el desarrollo de la infancia. Penoso porque al conocerse en su medio social y comunitario lo relativo a las capacidades especiales, el niño o adolescente es objeto de burlas, de persecuciones y de segregación por parte de los otros seres de su entorno.

Los estudiosos de las vivencias especiales en la vida de los mediadores han podido demostrar una y otra vez la existencia de acontecimientos espirituales en la vida de ellos.

Lo que no han podido es explicar los fenómenos que no pueden ser entendidos, en el marco referencial de las leyes del mundo físico que conocemos, lo que implicaría remitirse a las clásicas relaciones de causa-efecto, que son propias del mundo físico o de los fenómenos psíquicos más elementales.

En contraposición con lo enunciado, el universo más amplio de la psiquis está regido por las relaciones de causalidad mucho más evanescentes y sutiles, de forma tal que es como si estuvieran destinadas a permanecer dentro de un halo de misterio, en un plano inexplicable, por lo menos para quien quiera limitarse a razonar sólo con los parámetros de lo físico o de la psicología materialista.

Por lo tanto, si nos mantenemos en esa postura, no conoceremos nunca los "porqués" de algunas características recurrentes en los fenómenos presentados en la vida de algunos mediadores.

Como gran parte de las actividades de los mediadores se desarrollan a niveles subconscientes, en estados especiales de las personas que practican la mediumnidad, los estudiosos tienen menos posibilidades de poder demostrar de alguna forma, lo que ocurre en hechos de estas características.

Los sucesos de la infancia de la persona, cuando se descubre por vez primera el accionar de sus capacidades, marcan en la vida de un mediador un antes y un después. Las nuevas experiencias manifestadas en su oportunidad por primera vez, como conocer de antemano un hecho que ocurrirá, en especial cuando tiene relación con la desaparición del mundo físico de algún familiar, se les vuelve una noticia intolerable en el caso de que haya un vínculo afectivo y casi siempre queda registrado en su persona, como un punto de inflexión de su época infantil o de su juventud.

En la escuela elemental o primaria, son considerados casi siempre como niños distraídos o lentos para comprender, cuando con frecuencia son seres que permanecen absortos gran parte del tiempo, y sus niveles escolares no superan en la mayoría de los casos, las bajas calificaciones escolares registradas en el grupo.

Las tareas espirituales que deben desarrollar los mediadores son importantes. También lo son los equilibrios logrados en su vida y en lo referente a sus estados de salud-enfermedad, en los que suelen comportarse de una manera muy singular.

Parece existir un halo de protección constante sobre ellos, generado por los seres espirituales que los quieren y los protegen, que los resguardan de lo imprevisto y de los episodios comunes. Están siempre cuidados y protegidos de las enfermedades, y cuando enferman, suelen recuperarse muy rápidamente. Entran y salen de los procesos de salud-enfermedad con gran rapidez, hechos que guardan cierta analogía con los niños pequeños.

Son estas situaciones de enfermedad las que permiten experimentar algún fenómeno mediúmnico, como cierto nivel de catalepsia o trance observado, como cierta somnolencia, que dan mucho que pensar a los especialistas en psiquiatría. En especial, cuando ellos escuchan voces del mundo espiritual, que les relatan algún episodio, les sugieren algunas acciones o les ordenan alguna tarea por realizar en el mundo físico luego de su recuperación.

Cuando los mediadores se encuentran con sus pares, ocurren situaciones muy especiales porque conjugan entre ellos mucha espiritualidad y misticismo, sobre todo cuando pertenecen a ciertas esferas superiores puestas al servicio de la luz, que están relacionados con aquel universo extrafísico del que poco o nada sabemos.

En otros planos podemos encontrar junto a los mediadores a los seres sensitivos, que contrariamente a los místicos, no siempre entran en contacto con las zonas luminosas del universo ultrasensible. El hombre puede trascender hacia los vértices luminosos o hacia los abismos.

Los mediadores suelen estar expuestos a que se les pongan rótulos de variada calificación: uno de los más comunes es el de "seres disociados con la realidad". Pero en los casos en que se han practicado pruebas psicológicas, se han encontrado en gran parte de ellos seres sencillos y modestos, sin fantasías, tímidos, con poca confianza en ellos mismos, sin estados obsesivos..

Cuando los mediadores empiezan con el despliegue y la instalación de sus capacidades especiales en la edad infantil, puede ocurrir que al llegar a su edad adulta sus capacidades no sean las mismas de la tierna infancia y que hayan cambiado. Puede ocurrir que se hayan reemplazado por otras en compensación, quizás por otras más relacionadas con la vida adulta, que les permitan a veces acceder a determinados recursos para la supervivencia individual. No obstante, pueden convivir en su espíritu la magia de la infancia con los sufrimientos de la época que tratan de evitar en su recuerdo hasta donde les sea posible, poniendo a disposición de sus semejantes los legados que los acompañan. Separándose cuando es menester de la realidad inmediata para establecer contacto con situaciones y con personas lejanas en el espacio y en el tiempo, adoptando esa mirada tan característica de ellos; la propia de quien ha dejado en reposo la parte vigilante de su cerebro, para escuchar las voces emergentes de otros niveles de la existencia, que afloran a su consciencia.

Ocurre con cierta frecuencia, que las expectativas de los visitantes más ingenuos que a veces reciben los mediadores desbordan las posibilidades de ellos, aunque sólo sea por los altibajos, a los que de manera inevitable están sometidos los legados, que tienen aspectos comunes con la inspiración.

En algunas oportunidades, los legados ayudan, y en otras, en cambio, nada ocurre, y el mediador queda desconcertado frente al visitante.

Junto a la visión astral a distancia, algunos mediadores tienen también la capacidad de la sugestión mental a distancia, conocida como la capacidad para inducir a practicar determinadas acciones a una persona seleccionada.

Este fenómeno lo han estudiado mucho los investigadores de diferentes tiempos y, han conseguido un grado de éxito más o menos aceptable, en sus resultados. No obstante, los mediadores que lo practican no saben nada de estos procedimientos ni de los resultados obtenidos, lo llevan a cabo de una manera instintiva.

De igual manera, los mediadores ponen en marcha otras insólitas capacidades, con las que la naturaleza los ha dotado, como legados que en general los acompañan toda la vida.

Pocas personas conocen la naturaleza de estos acontecimientos, y menos son los que creen en ellas. Solo algunas personas saben que a la par de las manifestaciones ordinarias de la realidad cotidiana, hay otras de naturaleza extraordinaria casi inexplicables, que se intercalan de tanto en tanto en esa misma trama de la tela de la vida, por el accionar de los mediadores, que viven en la línea de borde entre los dos mundos, haciendo de puente entre la dimensión sensible y la visible.

Es más frecuente de lo que se piensa que los mediadores consideren los espejos como verdaderas puertas para entrar en su propia catalepsia. Al menor descuido, el mediador mira el espejo, y ocurre. También son fenómenos de cierta frecuencia los del desdoblamiento o del reconocimiento mental a distancia.

En cuanto a los avisos publicitarios de algunos de ellos, causan a veces sorpresa, ya que pueden cometerse ciertos errores conceptuales si se los evalúa con liviandad. Pensamos que una cosa es el aspecto comercial de la mediumnidad, y otra muy diferente es la mediumnidad en sí misma, ya que uno puede llegar a sorprenderse para bien, con el accionar de estos seres.

En las primeras horas de la mañana, es posible encontrar a determinados mediadores involucrados en estados de catalepsia, visualizando extrañas situaciones de desastres y de hechos colectivos de importancia, con el esperado cúmulo de miedos y de angustias que tales situaciones le generan. Estas horas del día no son ciertamente bien recibidas o esperadas por ellos.

Ser una persona mediadora o sensitiva puede ser o no un privilegio, dependiendo en cada tiempo de la actitud que se tiene al respecto de ese legado. Significa encontrarse de vez en cuando frente a otros seres espirituales, transitando su experiencia humana o no.

De igual manera, significa también sufrir por los dolores ajenos físicos o morales, que requieren a veces gran parte del día o de la semana para poder encausarlos y que luego cedan, para que el mediador recupere su balance y su salud personal.

En ocasiones, cuando los sensitivos practican ciertas armonizaciones físicas a sus visitantes, los resultados son variables, y con ello cambia su receptividad. En algunos casos los resultados son tangibles y duran por un tiempo, en otros los efectos son efímeros, incluso en algunas situaciones, los visitantes no logran ninguna mejora. Excepcionalmente, en algunos casos los sensitivos comienzan a sentir las mismas manifestaciones por las cuales, el visitante solicita ayuda al mediador. En esas situaciones, puntualmente, el mediador experimentado deja de ocuparse casi de inmediato, de la tarea que lo lesiona.

Los mediadores tienen muy presente en sus vidas y le asignan especial importancia al hecho de saber que no pueden visitar ciertos ambientes físicos en los que se sienten oprimidos, debido a los traumáticos recuerdos de personas que han muerto en esos lugares, en un tiempo anterior. Es como si tales recuerdos siguieran viviendo por alguna razón y por cuenta propia, adheridos a esos espacios. Pueden los mediadores en esas ocasiones tener las mismas dolencias físicas de esas personas en la situación original, que las llevaron a una situación determinada y conocida con posterioridad a los hechos, inclusive de hechos ocurridos muchos años atrás en el tiempo.

A veces los sensitivos hasta pueden llegar a recibir imágenes de lo ocurrido, y llegan a ser claramente afectados, razón por la cual los mediadores de experiencia reaccionan de forma inmediata, retirándose del sitio y sin volver por mucho tiempo a esos lugares.

A estos acontecimientos se los definen como una grabación que se repite una y otra vez, generada a partir de una fuerte emoción con dolor, que es percibida por los mediadores que han podido o que tienen sincronismo, con ese tipo de huellas psíquicas.

La mayoría de los mediadores conocidos son de origen humilde, y llega el momento en que ellos mismos reconocen la insuficiente educación escolar recibida. Es cuando su entorno humano comienza a sentir hacia ellos el merecido respeto, que de hecho no se le puede negar a toda aquella persona que por méritos propios logra elevarse desde el puro nivel biológico inicial hasta una posición que aunque se la discuta o se la considere en la línea de borde, demuestra en su trayectoria que son capacidades reales ejercidas.

El despliegue de las actividades mediúmnicas provee satisfacciones no indiferentes, que forman el contrapeso de los temporales y efímeros dolores de la actividad; que se procura, no sea un exceso para los mediadores.

La regla aceptada universalmente del buen mediador es que "no se llega a una satisfacción espiritual si se tiene demasiada tendencia a la generación de dinero o de valores materiales".

Cuando se llega a la situación en que se entiende el accionar y el rol desempeñado desde siempre o el que desempeñan los mediadores en el mundo de hoy, se espera que los sensitivos adviertan de alguna manera a la sociedad el registro de cada suceso que han presentido y que implica un riesgo o consecuencia lamentable para alguna parte de la comunidad.

Algunas veces los mediadores aceptan tareas delicadas por parte de algunas personas, que luego no pueden realizar precisamente porque su especial sensibilidad se lo impide, esa situación los angustia y les plantea dificultades y conflictos, que a veces somatizan en su propio cuerpo físico.

Los recuerdos y los seres involucrados de otros tiempos a veces impiden que una tarea encomendada a un mediador llegue al final. Los expertos en el tema lo llaman la "memoria universal", en la que todo está grabado desde el origen de los tiempos, como una gran base de datos donde está toda la historia del cosmos.

La realidad puede comprender un dominio más amplio que el "sensible", y esta capacidad de percepción varía de un ser humano a otro. Hay personas que pueden ver y oír más que la mayoría, y en estas situaciones no se puede hablar de hipotéticos delirios.

Algunos mediadores pueden interactuar o ver, con el pensamiento, las entidades que a veces acompañan a las personas y que las visitan por alguna razón. Estas personas rara vez se enteran de lo que ocurre, no saben que tienen con ellas a otras entidades que las acompañan, pero algunos seres sensitivos pueden no solo verlas, sino también intercambiar pensamientos con las mencionadas entidades.

El hecho de que las personas no sepan de sus acompañantes, hace posible que los mediadores puedan interactuar con ellos. Si lo supieran, tal vez podrían inhibirse y no concertarían visitas con las personas sensitivas por propia necesidad.

Las personas con capacidad de mediadoras tienen casi siempre una vida muy especial en muchos aspectos, pero esencialmente en cuanto a los encuentros con seres del mundo espiritual. Las personas mediadoras que hace ya muchos años que han aceptado sus capacidades especiales han aceptado también en algún momento la presencia o las visitas de seres de la otra senda. Los aceptan con naturalidad, como una clase más de caminantes, no muy diferente de la que se puede encontrar en un lugar de peregrinación, donde con frecuencia se tiene la sensación de que palpitan un plano misterioso y desconocidos.

Si las personas que tienen capacidad de mediadoras han recibido una educación escolar sistemática y han llegado a cursar hasta altos niveles educativos, tienen que enfrentar la desagradable tarea de comparar todo el tiempo "las cosas en las que se puede creer y aquellas cosas en las que no se debe creer", y entonces las alternativas posibles son que "sus sensibilidades ultrafísicas se pueden ir desvaneciendo día a día, y ser bloqueadas por los mecanismos inhibitorios, como les ocurre a veces a sus progenitores o a sus descendientes". La peor de las alternativas es que pueden considerarse y luego convertirse en personas de mentalidad enfermiza.

Si las personas con capacidad mediadora no han recibido una educación sistemática superior y solo fueron guiadas por explicaciones esporádicas y circunstanciales, con un enfoque tranquilizador, viven su vida casi confundiéndose con el resto sin estos legados, y los más dotados de espiritualidad disfrutan de sus capacidades usándolas para hacer el bien, tarea a la que están totalmente dedicados y comprometidos.

Aquellos mediadores que han conservado una mente abierta a todas las posibilidades de los caminantes del universo, sin preocuparse demasiado por cuál es el origen y hacia dónde va cada uno de ellos o por cuánto tiempo caminarán estos seres junto a los primeros llevan una vida casi placentera. No obstante, estas situaciones son proclives a que una persona con la formación técnica les ponga un rótulo y que los haga temibles frente al resto de la comunidad.

Los mediadores más evolucionados espiritualmente han llegado a esa situación porque no han tenido dudas en su mente intuitiva y simple. Estos amigos del camino dan pruebas de ello, acuden con frecuencia en su ayuda cuando es necesario, para cubrir sus soledades.

En otros sucesos, en cambio, es el estado de ánimo del mediador o las situaciones complementarias lo que reclama la presencia de estos seres, que provienen de la misma dimensión y que conllevan con ellos los recuerdos vivientes de otros tiempos.

Entre ellos hay un denominador común, que es el indudable impacto que genera en ellos la soledad. Las descripciones que hacen algunos mediadores de los visitantes del camino son antropomórficas y a veces ingenuas, de una realidad más sutil y difícil, cuando se la quiere enmarcar con los parámetros de la rutina racional.

Los mediadores consolidados como tales y en actividad mediúmnica son seres libres que rara vez pueden compatibilizar con otras personas demasiado esquemáticas, tienen a veces dicotomías y pueden ser introvertidas, debido a que han sufrido demasiado en su pasado histórico, atribuido casi con exclusividad a su soledad moral.

Cuando los mediadores logran una mente capaz de separarse del cuerpo y pueden desplazarse mentalmente a la distancia, son capaces de recorrer en espíritu lugares que encierran para ellos recuerdos no siempre tan alegres de su infancia, su adolescencia y su juventud.

Los recuerdos en un mediador desarrollado van y vienen con toda soltura, respecto de las rígidas cronologías, y cuando se abren a la confidencia con sus seres cercanos, lo hacen a no grandes profundidades de su ser, para no exponer ciertas dolorosas experiencias de su vida. Estos períodos son los que a veces producen el desarrollo desordenado y en cataratas de capacidades mediúmnicas, que ocurren después de traumas psicológicos de gran envergadura sufridos por el mediador.

El destino de los mediadores no difiere demasiado en cuanto al balance final de su experiencia humana, se pasan la vida en el límite de dos universos: uno de los mundos es el más misterioso e interfiere de vez en cuando en el otro, por medio de fuerzas y de entidades desconocidas.

Un caudal constante de sueños se mezcla de manera inadecuada con los fluidos de la realidad, a los cuales pueden en ocasiones otorgarles sucesos no esperados.

Son pocas las personas que pueden reconocer que los sueños a veces nos traen sorpresas increíbles, y pueden ordenar imperativamente sus propios reglamentos según la realidad de todos los días.

Los horizontes mentales de los mediadores a veces pueden ser invadidos por ciertas entidades, de las cuales ellos mismos no pueden fiarse, porque no vienen de la luz, y a las que deben ponerles límites en algún momento y defenderse de ellas, en ciertas circunstancias. Cuando no lo hacen o todavía no saben hacerlo, por su propia inexperiencia mediúmnica o por tener una voluntad débil, pueden convertirse, si no toman una enérgica actitud defensiva, en blancos apropiados de una entidad maligna intrusa.

En esos casos, la personalidad original se ve solapada por los perfiles de la nueva entidad. En determinadas situaciones, nada puede hacerse frente a una entidad infestante fuerte, salvo estimular y tonificar la voluntad y la actitud de defensa de la persona con capacidad mediadora.

Hay almas que no logran encontrar la luz luego de la muerte, porque durante su experiencia humana no la buscaron, de igual modo, esto es toda una aseveración.

La actividad nocturna de los mediadores deja con los años sus huellas de deterioro y de cansancio. Las pesadillas toman gran parte de su calma y de su sueño, que tanto necesitan ellos.

En rigor, se trata casi siempre de mayor cantidad de visiones clarividentes, que de auténticas pesadillas. En ocasiones, sus miradas vagas y absortas demuestran que sus mentes pierden parte de sus recursos defensivos, y quedan a merced de los ataques de las percepciones extrasensoriales.

El delicado equilibrio entre los dos mundos, en el que sus vidas transcurren, se inclina sobre aquel del cual sabemos muy poco, y es en esos momentos que los mediadores predicen hechos de gran magnitud. Es también el momento en que sienten la necesidad de confiar en otras personas. Estos acontecimientos no suelen ser explicados, debido a las connotaciones que implican.

Algunas vicisitudes demuestran el poder maléfico del odio y también la existencia de fuerzas misteriosas y providenciales capaces de anular sus efectos.

Las energías, el amor y los mediadores

Algunos seres humanos, preocupados mayoritariamente por los hechos que ocurren en el mundo externo, han postergado y a veces olvidado lo que ocurre como realidad en su espacio interior. Si bien es cierto que la mayoría de las personas sabe de la energía que hay más allá del plano superficial de cada una, explorar y descubrir ese tema como experiencia propia es algo que no hacen todos los seres humanos por el temor que esas acciones generan.

Casi todos los conductos que pudiesen llevarnos más lejos de los sentimientos aceptables generalmente son reprimidos, así que cuando el ser busca su expresión, solo se intensifican los temidos o aceptados, evitando el contraste y la intensidad de las experiencias vividas. Solo cuando nos entendemos más allá de los límites que nosotros mismos nos ponemos y llegamos a un profundo estado de amor que parte desde el alma, comenzamos a visualizar las genuinas funciones de las emociones y de los conductos que nos pertenecen.

Debemos encontrar entonces la forma de retener las energías con las que nos sentimos cómodos y de desplegarnos a fin de llegar a aquellos que se encuentran fuera del espectro habitual de nuestra vida actual, llegando a convertirnos en seres llenos de luz que beneficie a los que están a nuestro alrededor y a nosotros mismos.

Esta fuerza o calidad de consciencia que llamamos energía tiene lugar en un momento específico y nos permite visualizar una realidad particular. Con un nivel específico de energía, tenemos la posibilidad de ingresar a ciertos estados de ánimo. El agotamiento aleja la posibilidad de ponernos impacientes, y el bienestar físico nos muestra los caminos más lisos para desplazarnos. El estado de energía se reconoce mediante nuestra conducta y nuestra sensación vital.

Elegir un amor que supera el amor personal es la puerta de acceso a una experiencia de diferente magnitud, es una realidad valedera de otras proporciones, cuya condición es armonizarse con esa energía superior. Es un estado de alerta total, imaginada como otra dimensión de la experiencia. Es la puerta que conduce al gran caudal de energía y que en cuyo núcleo está el amor. Es el lugar central donde se resumen todas las experiencias, sin oportunidad para considerar ninguna condición externa.

Este sentimiento sin condiciones puede a veces vivenciarse con cierta intensidad emocional en derredor del plexo solar, desde donde parten y se expanden en todo nuestro cuerpo las propias ideas, creencias y planes, es el lugar de la lucha y también de la partida, de la reacción emocional que tiene sitio cuando estas ideas referentes a la realidad, generan desarmonías en la realidad afectiva.

Por cierto, el corazón es el punto de equilibrio de la consciencia, mediante el cual nos anoticiamos del perfil de la condición humana, no solamente de lo que respetamos y reverenciamos, sino también de lo que tememos o no nos gusta.

El camino que nos conduce por esta búsqueda es sinuoso, y si se cometen errores, surge una nueva calidad de energía por la que hay que dejar partir algunos de nuestros sentimientos, para que el crecimiento espiritual nos llegue.

Los mediadores interactúan constantemente con las energías que les llegan, las que transmiten y las que los lesionan. Son el puente humano y posible con la Gran Energía Universal, fuente de luz y de energías sanadoras, que a su vez son la Fuente Madre inagotable de amor. Ellos viven haciéndolo simple y humildemente con las personas y con los seres espirituales del universo en la mayoría de sus planos y casi con todas las entidades que lo habitan.

La vida de las personas con capacidad mediadora tiene casi siempre una combinación estable de instancias mágicas e instancias tristes y penosas, que ocurren en la época de la infancia de esos seres tan especiales. En ese tiempo se despliegan en su naturaleza total sus nuevas capacidades especiales, y ocurren las primeras manifestaciones de su diversidad, que capta la atención de las personas que las rodean y se convierten de este modo sin quererlo en una propuesta casi irresistible a la resistencia y a la persecución.

Por medio de este humilde escrito, les pido a todos los mediadores, quizás entendiendo solo una parte de las dolencias físicas que muchos de ustedes experimentan en su accionar, que acepten sus capacidades especiales cuando les son otorgadas, y que por favor no repriman ni traten de dominar estos legados por medio de su voluntad, de la oración ni de sus miedos; porque ellos pueden ser muy beneficiosos para las personas de su entorno y también para todos los seres espirituales. Con su accionar pueden ayudar a la obra creadora de Dios.

Sepan, señores lectores, aceptar este trabajo como mi pequeño tributo, mi sentido homenaje a la temeridad demostrada por algunas personas en los diferentes tiempos, de dar a conocer hechos que han sido relatados por medio de la escritura o antes aún; de cuyas vidas algo conocemos y también de aquellos que desconozco, pero que sé que existieron y que existen en nuestros días.

Mi especial reconocimiento a aquellos que no retrocedieron frente a las hostilidades preconcebidas de los frentes científicos, dispuestos a combatir toda posibilidad o novedad que pudiera fracturar las premisas del saber académico; que quiere ser universal remitiendo casi todo a las explicaciones que nos puede brindar la materia con sus leyes ordenadoras de fenómenos, orientados hacia un plano inorgánico.

A todos ustedes, señores mediadores, los saludo, los reconozco y los respeto. Por favor, sigan con vuestro accionar o actividad especial, cada cual en su entorno y con sus legados. Vuestra actividad y vuestra participación son muy importantes para la humanidad que vive en nuestro planeta.

El tiempo consciente comparado con el tiempo inconsciente

Lo que muchas personas experimentan en estado consciente, o sea despiertos, otras lo ven mientras están en estado de sueño profundo. De los sueños de la realidad, hubo también muchos casos en todos los tiempos; personas que han soñado hechos, que han ocurrido en algún momento de la realidad. Sueños anunciatorios de un suceso que va a ocurrir o también de algo que se sabe que ha ocurrido hace tiempo.

También se sabe, y luego fue demostrado, que en ciertos casos, algunos mediadores visualizan los hechos en tiempo real, es decir cuando están ocurriendo. Las visiones, por lo tanto, no siempre se refieren a sucesos simultáneos, tanto si la persona está dormida como si está despierta.

Algunos relatos de esta naturaleza ya están descriptos en la Biblia y en escrituras sagradas de otras religiones no cristianas. Proceden de la era clásica de Europa, de Oriente, y ocurrieron en todos los siglos, desde que se registran hechos por medio de la escritura, hasta los días de nuestra actualidad.

Los parafenómenos no están limitados al ámbito psíquico-espiritual, tampoco a la transmisión de impresiones, pensamientos y sentimientos, de igual manera que las visiones de sucesos futuros, contemporáneos o remotos. Junto a ellos y con menor frecuencia están también las fuerzas secretas, que de un modo distinto a todas las capacidades adjudicadas al hombre, actúan sobre los casos materiales moviéndolos o cambiándolos.

Frente a ellos las leyes de la naturaleza parecen de pronto perder su validez, y de este modo, todos los casos de los seres vivos y de los materiales inertes deben responder por alguna razón a sus órdenes. Estas fuerzas son testigos de algo que se puede comprender y que permite una conclusión irrebatible: "el alma del ser humano es más fuerte, supera todo lo demás, es dueña de la materia, y esta debe obedecer".

Estas manifestaciones existen también desde la Antigüedad, existen relatos en todas las grandes religiones del mundo y en las crónicas de los sucesos extraordinarios.

Un día alguien observó algo notable, un enfermo que estaba siendo tratado con los experimentos magnéticos de Mesmer de pronto durante el proceso se quedó dormido en los brazos de su terapeuta y comenzó a hablar repentinamente. Cuando despertó, no recordaba nada. El estudioso investigador descubrió que se trataba de una clase de sueño "muy especial", al que solo llegaban los pacientes que eran magnetizados. Era un sueño distinto del sueño natural y fisiológico y mostraba características especiales. Este sueño era nuevo y se lo llamó provisoriamente sonambulismo, bajo su efecto los pacientes tenían reacciones muy poco corrientes. Durante este sueño los pacientes estaban como desprovistos de voluntad, seguían las indicaciones motrices que les entregaban los investigadores y también obedecían con sus sensaciones, temblaban de miedo, transpiraban con el calor, gemían de dolor o proferían gritos de alegría.

Lo más notable fue que durante ese sueño aparecían también fenómenos extraños, sobrenaturales o suprafísicos: se trataba de una clarividencia sonámbula. Algunos pacientes supieron de improviso y con exactitud los detalles de su dolencia física o podían dar el diagnóstico de otras personas, con las cuales se habían puesto en contacto. También podían encontrar con los ojos vendados objetos que habían sido escondidos por otras personas. De tal modo, había nacido la investigación de estos fenómenos. La condición del sonambulismo presentaba un enigma, que se trataba de explicar con las más variadas hipótesis. La investigación de los parafenómenos había sido fortalecida por los nuevos descubrimientos, observaciones, experimentos y especulaciones: se había iniciado una nueva actividad luego de una espera de siglos.

Lo que pueden lograr las fuerzas psíquicas es de lo más variado e impredecible, pero es más útil trabajar en la investigación con personas especialmente dotadas, que con personas que no tienen esa condición. Los legados mostrados por algunas personas son increíbles y también muy diferentes en cada una, cuando están especialmente dotadas.

Algunos de los parafenómenos pueden llegar a provocarse de manera consciente, luego de un entrenamiento riguroso e intensivo autoimpuesto. Lo más importante, dicen los que lo han logrado, es mantener la "consciencia despierta". Es necesario un intensivo entrenamiento para lograrlo.

Las personas sin esta capacidad y no experimentadas pierden el conocimiento antes de que el fenómeno elegido para la experiencia, se produzca.

Las personas con tendencias a enfermar o con enfermedad instalada a veces registran sus primeras experiencias con parafenómenos en la edad temprana, experiencias que luego continúan practicando a lo largo de su vida, y esto es independiente del curso que haya tomado la enfermedad del paciente que abrió esa puerta espiritual.

En la vida de los mediadores, a veces en su inicio, estos necesitan llegar a un estado de catalepsia primera, sea espontánea o provocada, para que sus diferentes y específicas capacidades paranormales se manifiesten. Con el tiempo y la experiencia lograda, pueden a veces producir sus parafenómenos, sin la necesidad de llegar a un estado de catalepsia. Algunos de ellos lo hacen en estado de cierta consciencia, a veces por breves tiempos de duración, y otras veces por períodos de tiempo más prolongados.

En cualquiera de los casos, las funciones básicas del cuerpo humano están garantizadas y no se interrumpen. Los cinco sentidos funcionan también, pero no se conoce con certeza con qué rendimiento.

La investigación moderna ha demostrado que en algunos ejercicios de paracapacidades, como los realizados en las experiencias de transferencias telepáticas entre un emisor y un receptor, se producen variaciones en la carga eléctrica de los electroencefalogramas, en los distintos tiempos del experimento. Esto da sustento a la idea de que en los aspectos fisiológicos, hay un cambio de energía corporal al producirse el parafenómeno.

La tendencia moderna de analizar todos los aspectos en el estudio de los parafenómenos y en el afán de buscar motivos subjetivos se intenta presentar a veces a estos hechos, como de genuinas alucinaciones ópticas.

En los casos de la doble aparición o llamada también "visión de sí mismo", ya sea en la imagen propia o en la de otra persona, existen fenómenos de perfil igualmente misteriosos, en los cuales el sujeto cree haberse separado de su propio cuerpo, y puede observarlo y contemplarlo en los más específicos detalles.

Esta visión de sí mismo, según los relatos publicados, se produce muy a menudo en situaciones de crisis de gran peligro, de dolores insoportables, de enfermedades mortales o poco antes de la muerte.

Algunas de estas experiencias demuestran que puede existir una consciencia clara, aun cuando el organismo humano no se encuentra bien de salud. Pareciera que la consciencia no está ceñida en su totalidad a la función del cerebro, sino que sólo está condicionada y dirigida por él.

También parece que en determinadas circunstancias psicofísicas, no sólo puede producirse una separación entre el alma y el cuerpo, sino que puede producirse además un desdoblamiento de la propia personalidad.

Esto puede ser observado en los mediadores en los momentos en que, estando en catalepsia, el espíritu de control asume el mando casi total de las actividades corporales de la persona mediadora.

A veces los mediadores o personas que hayan tenido estas experiencias, pueden recordar con exactitud cómo han abandonado su cuerpo físico y navegado en su cuerpo astral por lugares geográficos que con frecuencia, son desconocidos para las mencionadas personas.

Estos viajes a veces se mantienen con un nivel de frecuencia, mientras la persona conserva una condición física que afecta al cuerpo humano.

A la manera de ilustración, en los casos de enfermedades que cursan con fiebre alta por períodos prolongados de tiempo inconsciente; al bajar la temperatura corporal, los viajes suelen disminuir en frecuencia hasta desaparecer, y en paralelo, ya no tienen lugar las paraexperiencias.

A veces el estado especial producido por un accidente puede ser causa también de la generación de una paraexperiencia. Una situación es irrebatible, y es que a la persona que por alguna razón ha experimentado varias veces un hecho ya no le cabe la menor duda: esa persona tiene el propio convencimiento.

Quienes luego de arduo entrenamiento logran provocar conscientemente el fenómeno y lo practican con regularidad, se preguntan: ¿Cuáles serán las causas para que una persona determinada tenga estas sorprendentes experiencias? A veces los que estuvieron enfermos por muchos años dejaron de tener estas experiencias al curarse.

El estudio continuado en el tiempo de estos viajeros tan especiales logró sedimentar algunas características que fueron comunes a este tipo de experiencias. Son las siguientes:

-El viajero tiene la sensación de abandonar el cuerpo físico, por medio de su cabeza.

-En el momento en que la consciencia se separa del cuerpo, se produce una breve pérdida del conocimiento.
-Luego el cuerpo consciente flota sobre el cuerpo físico, antes de que la experiencia termine.
-En el proceso de regreso al cuerpo físico, hay otra interrupción del conocimiento.
-Un regreso demasiado rápido le puede causar un choque al cuerpo físico.

Posteriormente se descubrió que las experiencias que se producen espontáneamente, sean en sueños como consecuencia de una enfermedad, o debido al agotamiento, son mucho más vibrantes y demostrativas que las producidas por hipnosis, los choques o la concentración de la persona para lograrlos.

Lo que es realmente relevante y que se ha logrado entender en el tema de las experiencias extracorporales es que en un principio era solo una narración que nadie leía, inexistente en los registros oficiales. Hoy ya nadie las discute y es reconocida como un parafenómeno, es recibida en el ambiente profesional y por los críticos de los más avanzados laboratorios de investigación.

Los nuevos descubrimientos y las observaciones en la investigación de los parafenómenos podrían quizás ampliar de manera novedosa y revolucionaria nuestro concepto actual de lo que llamamos consciencia.

También es posible que obtengamos nuevos conocimientos inesperados para el día de hoy, sobre la esencia de los hasta ahora acontecimientos inexplicables.

De acuerdo con la tradición del más lejano pasado, ha llegado quizás, el momento de realizar un cambio en el concepto de lo que entendemos por consciencia.

Reconociendo a los mediadores

Asumiendo que el término "mediador" es conocido por aquella casta tan especial formada por las personas sensitivas, podemos agregar que en el léxico de la doctrina espiritualista, los mediadores son los intermediarios necesarios entre el mundo de los hombres y el mundo de los espíritus.

Siempre han existido personas con sensibilidad especial, que han tenido diferentes nombres a lo largo de la historia y que también han desempeñado una tarea o rol social no siempre bien entendido como una bendición o un legado otorgado por Dios. En cambio, desde el punto de vista parapsicológico o metafísico, los mediadores son personas capaces de producir fenómenos paranormales o que pueden tener actividades de diversas clases con esas características.

Los estudiosos del tema califican a los mediadores según dos grandes categorías o grupos: los que producen para fenómenos en el plano intelectual y los que lo hacen en un plano físico o material.

Los primeros pueden tener la posibilidad de llegar a conocer algo de una persona, de una manera no sensorial: los pensamientos inaccesibles a la mente de una persona, los casos o hechos sensibles, los acontecimientos por venir. Ellos son los telépatas, los clarividentes, los radiestesistas y los precognitivos.

Los segundos pueden llegar a tener la capacidad para producir telequinesis, es decir movimientos de objetos a la distancia, sin contacto con ellos.

También pueden llegar a producir ectoplasma, o sea, la capacidad para materializar objetos, figuras, y órganos corporales aislados de animales, de seres completos, humanos o no, por medio de la emisión de una sustancia que emana del cuerpo del mediador y que le da forma, pudiendo llegar que a plastificar el objeto o ser mencionado. Ellos son los telequinesistas y los teleplastas.

En el siglo XX se han agregado nuevas categorías de mediadores, como lo son aquellos que tienen la capacidad de modificar las estructuras de los materiales en general, y de los metales en particular.

La intervención de los psicólogos en los parafenómenos ha producido la división de los acontecimientos en fenómenos subjetivos y en fenómenos objetivos.

Los telépatas son aquellos mediadores que tienen la capacidad de generar una comunicación de pensamiento que se establece por fuera de los sentidos habituales, entre dos o más personas, y puede ser espontánea o provocada.

Los clarividentes profesionales son también, con mucha frecuencia, telépatas.

La clarividencia, descripta de una manera sencilla, es el conocimiento paranormal de casos sensibles a la mente, o de acontecimientos por venir. Puede estar dirigido a un objetivo material determinante de realidades ocultas, como escritos, dibujos, cartas de juego. Puede ser retrospectiva, y aplicarse al pasado de un individuo en particular o de una colectividad. Puede también ser premonitoria, y en ese caso, se ejerce hacia el futuro.

Los radiestesistas son personas con la capacidad de obtener resultados incontestables, y tienen un aspecto particular del conocimiento paranormal.

Ya nadie duda de que tanto las sustancias inertes como los seres vivos emiten en su entorno cercano radiaciones, vibraciones o partículas químicas. Algunas de ellas, como el calor o la luminosidad, son percibidas por los sentidos del ser humano; otras, en cambio, no pueden ser detectadas por el hombre ni por otros seres vivientes, como los rayos cósmicos o la radioactividad. Estas se ponen en evidencia, por medio de aparatos destinados a tal fin. También es imposible que el ser humano detecte algunos campos de fuerza, los que pueden actuar sobre la persona, y pueden hacerle conocer indirectamente algunos fragmentos de la realidad.

Mediante estudios realizados por algunos investigadores, se ha observado un aumento de la tensión arterial en personas con capacidad radiestésica, cuando se encontraban sobre yacimientos mineros o capas de agua subterráneas.

Otros investigadores descubrieron que en los radiestesistas, las capas de agua subterráneas, modificaban su estudio de electrocardiograma indicando que algún fenómeno no conocido estaba ocurriendo.

Son también conocidas las experiencias realizadas con animales, de acontecimientos estudiados a distancia con: palomas que vuelven a su nido luego de haber emigrado, e insectos con emisión de partículas químicas, captadas por la antena de otros insectos.

Todos los sólidos o líquidos emiten partículas formadas de su propia materia. Los ejemplos de sustancias adoríferas como el azufre, el mercurio y sus vapores, las reacciones químicas que se producen al concretarse estas, la emisión de fotones de corta longitud de onda son muy conocidos.

Ciertos procesos físicos como: la deshidratación de las sales, las cristalizaciones, la aplicación de campos eléctricos a los semiconductores, producen también una radiación acorde al proceso.

En los procesos biológicos como: la división celular, la contracción de un músculo, el funcionamiento de un nervio, van también de la mano con la emisión de fotones. Es decir: seres, cosas y fenómenos, tienen estados singulares y armónicos, se encuentran relacionados con el ambiente con cierta solidaridad y lo hacen mediante vibraciones, radiaciones o emanaciones químicas.

Con el mencionado marco referencial, las personas con la capacidad de radiestesia pueden captar estas influencias, y luego seleccionarlas por su orientación mental, que aporta información del objeto considerado. De este modo se logra un reflejo muscular que registra por las claras la impresión recibida.

Esta es una explicación técnica, pero los radiestesistas físicos no se apoyan en hechos análogos a los descriptos, sólo hablan de ondas, sin explicar su naturaleza ni su forma de propagación. Imaginan una física muy particular apoyada en una petición de principios, en los que las ondas son detectadas y cuantificadas, con la ayuda de varitas de distintos materiales o de péndulos.

En principio, los radiestesistas que han aceptado sus capacidades tratan de dejar de lado la física tradicional y ponen toda su energía en el desarrollo de sus facultades intuitivas por medio de ejercicios apropiados.

Los precognitivos son las personas que generan los más grandes desafíos a la parapsicología.

Aun si podemos aceptar que en la telepatía un cerebro puede comunicarse con otros por alguna forma de energía, y también que el cerebro puede ser capaz de percibir vibraciones que están incorporadas a las cosas o que emanan de ellas, para algunas personas resultará de igual modo difícil comprender que el espíritu humano en estrecha conexión con el cerebro sea capaz en determinadas situaciones de atravesar las barreras del tiempo, ya que la percepción está por delante de lo que debe producirla.

Esto implica que el fenómeno premonitorio logra penetrar mediante la consciencia humana el orden no conocido del universo.

Por medio de esta capacidad, algunas personas pueden anunciar hechos que vendrán, que no han ocurrido todavía, y dar detalles tan precisos, que no podrían ser explicados por la sagacidad de ninguna otra persona, por la coincidencia ni por el azar.

Por otro lado los fenómenos premonitorios son fáciles de establecer o comprobar por medio de los escritos dejados por los protagonistas, y por cierto, han ocurrido casos en todas las civilizaciones.

La mediumnidad física está representada mayoritariamente por fenómenos de dos categorías: la telequinesia y la ectoplasmia. Además, están las otras capacidades, menos frecuentes, como la psicocinecia, la levitación y la acción paranormal sobre las estructuras materiales.

Los movimientos de objetos sin el contacto personal son hechos conocidos desde hace mucho tiempo, pero solo en el último siglo han sido estudiados con disciplina y rigor científico por investigadores calificados.

La levitación es otro de los parafenómenos conocidos desde la Antigüedad. Por ella se entiende el levantamiento del cuerpo humano en el espacio, debido en este caso a las fuerzas telequinéticas que se aplican a las personas, y que puede estar acompañado con desplazamientos del cuerpo humano o no.

Hasta no hace mucho tiempo, se producían levitaciones en ciertos lugares religiosos. Los mediadores a efectos físicos han levitado solo raramente, quizás debido a que no han sentido mayores deseos de imitar a los que pudieron lograrlo. No obstante, algunos de ellos lo han logrado y lo han demostrado en público en algunas oportunidades, frente a observadores de gran prestigio científico.

La parte quizás más discutible de la mediumnidad física es la de los fenómenos ectoplásmicos. El marco de referencia es el de los conocimientos psicofisiológicos, y muy pocos fueron mediadores conocidos, encuadrados luego como auténticos teleplastas. Se conocieron solo cinco en el mundo.

El parafenómeno de la ectoplasmia consiste en el proceso por el cual desde el cuerpo del mediador se exterioriza y emana una sustancia que al principio puede no tener forma y luego se convierte en formas diversas, a veces da origen a órganos del cuerpo humano, al cuerpo entero, a órganos de animales, que tienen distintos tamaños, texturas y complejidades. Se considera, por un lado, la sustancia que da lugar a las mencionadas materializaciones, y por otro, las representaciones organizadas de esta sustancia.

La sustancia se puede presentar en forma de vapor con olor aromático, o como líquido o sólido. La forma de vapor es la más conocida y frecuente.

La secuencia con que ocurren los hechos, a veces con variantes diversas, es: junto a la persona médium en plena actividad mediúmnica, se forma y se aglomera un vapor visible como una niebla, ligada a su organismo por una conectividad de la misma sustancia. Luego se produce una condensación en diversos puntos de niebla, y posteriormente esos puntos de condensación toman la forma de órganos en desarrollo, que se termina rápidamente solo si la sustancia emanada es sólida o líquida.

Las materializaciones son más accesibles al examen por las personas que asisten y están presentes en la demostración. A veces el desarrollo es lento y permite seguir el fenómeno paso por paso.

En cuanto a las materializaciones, se pueden representar manos, caras, seres completos o también animales. Las caras y los miembros materializados suelen ser muy expresivos y vivaces, dependiendo de la potencia mediúmnica de la persona mediadora.

Los investigadores de parafenómenos ya realizaban en la primera parte del siglo XX sesiones experimentales con personas mediadoras muy reconocidas, tratando de entender qué pasaba en los fenómenos de telequinesis. Algunos de ellos han tratado de fotografiar el movimiento de los objetos.

Los investigadores estudiosos de los fenómenos paranormales piensan que cuando un mediador desea producir el desplazamiento de un objeto a distancia por medios paranormales, en su accionar proyecta hacia dicho objeto una sustancia invisible que absorbe un gran porcentaje de las radiaciones infrarrojas del entorno, en ocasiones hasta la totalidad de ellas.

Siguiendo con las materializaciones, la mencionada sustancia no opaca a la luz blanca, y por lo tanto, las placas fotográficas no fijan su imagen. Se deduce, entonces, que todo el proceso y también la sustancia en cuestión se encuentran bajo el control del psiquismo del sujeto, que va anunciando la secuencia de los parafenómenos según un orden, tal vez concebido por el mediador.

También los investigadores de estos temas han esclarecido por medio de numerosas sesiones que esta sustancia-energía no está dotada de ninguna conductividad eléctrica, que su espesor no supera los escasos centímetros y que no influencia los aparatos destinados a medir la humedad, la presión o la temperatura del ambiente donde se realiza la experiencia.

De igual modo, que varía de intensidad según el día de que se trate y que se establece un puente de unión entre un fenómeno fisiológico con un parafenómeno, que una vez comenzado se encuentra en constante modificación con una frecuencia de desarrollo que se asemeja al ciclo respiratorio, es decir, con un tiempo de inspiración y otro de expiración.

Algunos mediadores modifican su ritmo respiratorio, pasando de un estado sin actividad mediúmnica de 12 a 14 respiraciones por minuto, a un ritmo que puede llegar a la hiperventilación de más de 180-200 respiraciones por minuto. Algunos piensan que existe una estrecha relación entre la materia, la vida y el pensamiento.

En el caso de los médium a efectos físicos y en los ejercicios de psicoquinesis, que casi siempre aportan la prueba de un aspecto no físico y no material del hombre, y que demuestra también el anciano concepto de la libre determinación para obrar que tiene este; algunos investigadores han observado que en el momento en que las actividades de psicoquinesis se producían, las corrientes cerebrales mostraron variaciones apreciables y tangibles.

Se observaba también un aumento en la frecuencia del latido cardíaco, especialmente en las experiencias de larga duración, de 3-5 horas, se registraba una pérdida de peso de la persona mediadora, que podía llegar hasta un kilogramo de diferencia respecto del peso inicial de la experiencia psicoquinética.

La mayoría de las personas tienen una tensión eléctrica tres a cuatro veces más alta en las partes posteriores del cerebro, que en las partes anteriores de este. En el caso de las personas que han demostrado capacidad psicocinética, la tensión eléctrica puede llegar a ser hasta cincuenta veces más alta en las partes posteriores de su cerebro, que en las partes anteriores de este.

Otros investigadores siguen estudiando la acción de diversas radiaciones luminosas sobre la sustancia-energía de determinadas actividades mediúmnicas.

Existen también otros parafenómenos de la mediumnidad física, como son los fenómenos de "encantamientos", un conjunto de manifestaciones inexplicables con capacidad para adherirse de una forma especial a un lugar físico determinado, como una casa, un edificio o un lugar geográfico con características bien definidas.

Se atribuyen esos hechos al accionar de una persona mediadora o médium que se ignora como tal, y que causa inconscientemente el fenómeno.

Ocurre en esas situaciones que los objetos se desplazan, se escuchan ruidos sin explicación aparente, pueden aparecer fantasmas, y se desarrollan además otros fenómenos físicos.

Hoy se los conoce con el nombre de psicocinesia espontánea, y se la entiende como la influencia mental ejercida sobre un sistema físico, sin la intervención de ninguna forma de energía conocida hasta el momento.

Los encantamientos son parafenómenos poco frecuentes, como lo son los mediadores a efectos físicos, con pérdidas por largos tiempos de sus capacidades especiales, que a veces se eclipsan por un tiempo.

Hay otros mediadores a efectos físicos menos frecuentes: aquellos que actúan sobre las estructuras de los materiales con capacidad para modificarlas, de lo que resulta un hecho de perfil mecánico. Los fenómenos observables son el torcimiento de metales o de objetos metálicos diversos, así como la puesta en marcha de aparatos de relojería o aparatos con engranajes.

Los fenómenos se observan luego del contacto entre los materiales mencionados y el médium físico, también a veces por simple proximidad entre el mediador y el objeto metálico.

En el curso de estas experiencias se han observado efectos espontáneos en otros objetos metálicos, que normalmente no pueden torcerse y que están en el entorno de trabajo del mediador.

El ambiente y el entorno humano donde el mediador realiza sus experiencias tienen influencia en el estudio y en los resultados de estos en la gran mayoría de los parafenómenos.

Se ha observado que si en el entorno humano donde se realizan las experiencias, contamos con personas hostiles o escépticas en relación con los parafenómenos, ellos ejercen un efecto inhibidor sobre las experiencias que realizarán los mediadores, ya que en general estos sujetos son muy emotivos, hipersensibles y ansiosos. De forma que en estos casos, es difícil poder predecir los resultados de las experiencias.

En el transcurso de estas experiencias en público, ellos pueden a veces transmitir de manera involuntaria e inconsciente la capacidad ejercida por el médium a ciertas personas de las cercanías, que temporalmente pueden realizar también y por un tiempo una actividad semejante a la del mediador.

Este efecto transferido a personas del entorno que han presenciado la experiencia se conoce con el nombre de efecto psikappa. Para poder conocer este efecto hay que estudiarlo desde un plano teórico, hacia un plano experimental.

En cuanto al monitoreo profesional de los mediadores que realizan estas experiencias, y que aceptan su seguimiento, lo que se ha observado en algunos de ellos se describe a continuación.

Los mediadores inician las experiencias en salas aisladas desde el punto de vista comunicacional, con electrodos puestos en el cuero cabelludo, para el registro de sus ondas cerebrales y para el requerimiento del ritmo cardíaco y cámaras de registro de imágenes. Una de ellas se usa para grabar su cuerpo entero, la otra para registrar sus manos, y la tercera filma el papel de la bobina en que se graba el electroencefalograma del mediador que se estudia.

El cerebro emite señales a un ritmo regular según el estado de ánimo del mediador, mostrando los ritmos alfa, beta, delta y teta, según los estándares normales para ese estado de ánimo. Cuando los materiales trabajados por el mediador se comienzan a deformar por el cambio estructural que tiene lugar en ellos, se observa un trazado de relajación con las ondas alfa, y se observa un "aumento" del ritmo cardíaco que es importante. En cualquier caso, las potencialidades psíquicas se desarrollan en estado de "relajación" y no en estado de "tensión". La experiencia tiene lugar como si la relajación liberase potencialidades suplementarias de nuestras células cerebrales.

Con respecto a los fenómenos de inducción o de contagio de la actividad paranormal, a veces se producen en la proximidad inmediata, y en otros casos la inducción puede llegar a gran distancia. En los casos mencionados, cuando las experiencias son realizadas con la presencia de algunos medios masivos de comunicación, los espectadores suelen llamar por teléfono para comunicar que en sus domicilios se logran testimonios de experiencias espontáneas y que en sus hogares se torcieron cuchillos, tenedores, cucharas, llaves y clavos, sea en lugares cercanos o en lugares alejados de donde ocurrió la experiencia ensayada.

También se han relatado experiencias en las cuales algunos relojes que no marchaban desde hacía varios años se ponen nuevamente en movimiento.

Algunos autores piensan que los fenómenos de inducción o de contagio se producen a partir de la acción directa de los mediadores sobre los objetos a gran distancia.

Otras investigaciones serias muestran que en ciertos casos es de esa manera y que no obstante en otras es posible que sea lograda por la intervención involuntaria de individuos, que tienen en estado virtual o potencial, las mismas capacidades que el mediador que generó el parafenómeno.

Esto se lograría gracias a una suerte de sugestión indirecta dirigida al oyente o al telespectador lejano, el que sería un generador del fenómeno que por el momento está siendo ignorado por su entorno, en lo referido a sus capacidades.

Esto se ha logrado realizando pruebas a partir de un material grabado y emitido en diferido, lo que ha producido los mismos resultados de inducción o de contagio, que las experiencias efectuadas en directo.

En cuanto a los probables mecanismos de los principales fenómenos paranormales, al respecto de las teorías y los experimentos realizados, no aclaran por el momento los mecanismos que ocurren.

No obstante, existen hasta el momento algunas hipótesis relacionadas con la telecinesia y la levitación del cuerpo humano, en que los fenómenos podrían ser logrados por formaciones ectoplásmicas brotadas del mediador bajo la forma de palanca, de tallo o de hilo, que se apoyarían en el cuerpo del mediador o en el suelo. En estos casos, la fuerza gravitacional no estaría suprimida, sino que resultaría equilibrada por una fuerza igual, dirigida de abajo hacia arriba, y que tendría un aspecto de sustancia materializada.

Algunos observadores han constatado que en algunos lugares del cuerpo del mediador, se observaban formaciones fluidas que desplazaban objetos y cuya forma variaba en función de las características del objeto sobre el cual debía actuar.

Las fotografías de estas formaciones muestran características específicas según lo enunciado o una niebla grisácea, que cubre los objetos sobre los cuales se deben producir los parafenómenos.

Las experiencias realizadas con rayos infrarrojos, utilizando mediadores elegidos a efectos físicos, mostraban que los propios mediadores emitían una energía diferente cuando se trataba de concretar una telecinesia. Parecen existir, además de este mecanismo, otros que se desconocen y que podrían explicar el desplazamiento de objetos colocados en un espacio materialmente inaccesible, por ejemplo dentro de una campana de vidrio.

Considerando los nuevos conocimientos electrónicos, hay una región en la que no se puede separar la energía y la materia, porque se conjugan la una en la otra.

La idea de separar lo material de lo inmaterial, lo visible de lo invisible, convierte al encuadre de los parafenómenos, en una cuestión semántica.

De un modo particular, los mediadores a efectos físicos actúan a con el pensamiento y con el espíritu, a un nivel de partículas moleculares, atómicas o subatómicas. Pareciera que el pensamiento modelara la materia. En consecuencia, el proceso realizado por el mediador actuaría sobre una cierta cantidad de materia, la que sería disociada en sus componentes corpusculares como son los electrones, protones, neutrones y otras partículas elementales; para luego ser asociadas y organizadas nuevamente, dando lugar a formaciones que simulan ser manos, miembros o seres completos.

Aceptar estas conocidas ideas implica suponer que la energía mediúmnica es similar en grandeza, a la energía generada por los grandes ciclotrones o la radiación cósmica que el pensamiento posee fuera del cuerpo; se la imagina como un imponderable poder de organización.

Algunos piensan que la mente es la última realidad del mundo, capaz de dominar la energía y la materia.

Los fenómenos físicos paranormales nos sugieren que aceptemos las cosas como son, y también resulta razonable y saludable tratar de adaptar nuestra inteligencia al universo como es, tal como lo podemos llegar a entender.

Las características más sobresalientes de un sujeto con capacidad paranormal están mostradas en su diferente perfil, a saber: metagnomo, telecinético o teleplasta, y se lo puede distinguir por un número bastante importante de sus características psicofisiológicas, estudiadas por los investigadores de la neuropsiquiatría.

Las personas con capacidad de metagnomas o videntes muestran de una manera general cuatro manifestaciones principales: a) La hinchazón abdominal casi constante, como lugar de impacto de su actividad paranormal así como, alteraciones intestinales, en especial el peristaltismo en la mujer y en el hombre. b) La fragilidad capilar, con todo lo que eso implica a nivel periférico o no. c) La hiperlaxitud ligamentosa, que puede manifestarse a todo nivel articular, pero que es más frecuente a nivel de los tobillos. d) La hipertricosis o desarrollo piloso superior al esperado, en especial a nivel de miembros inferiores de ciertas mujeres.

A este grupo de características personales solo algunos investigadores agregan a veces otros rasgos como los siguientes: 1) La hiperestesia o hipercenestesia en el epigastrio. 2) La insatisfacción sexual manifiesta en algún grado. 3) La mitomanía en sus diferentes manifestaciones. 4) Algunas muestras de ciertos trastornos de la función especular.

El trabajo con estos hallazgos llevó a ciertos investigadores a buscar el posible rol de las sustancias responsables de las manifestaciones físicas, orgánicas o funcionales observadas. Entre los parámetros estudiados están: la vasopresina del lóbulo posterior del complejo hipófisis-pituitaria, las hormonas tiroideas, las hormonas de la corteza suprarrenal, la histamina, las hormonas suprarrenogenitales, las foliculares y las vitaminas C y P.

La mediumnidad parece ser a veces una capacidad hereditaria, ya que muchos de los progenitores de reconocidos mediadores tenían predecesores que eran médiums o familiares que tenían la capacidad, desarrollada en algún grado. Tal vez exista un gen o cromosoma que transmita la capacidad a los descendientes.

En concepto de mezclas étnicas de distintos países, se ha observado que cuando se mezclaron por razones colonialistas etnias africanas de la cuenca del río Níger y poblaciones de algunos países americanos, como consecuencia de la esclavitud de otrora, produjeron generaciones de mulatos muchos de los cuales tenían capacidades mediúmnicas.

También está documentado que con cierta frecuencia la capacidad mediúmnica en estado de latencia se manifiesta como consecuencia de un traumatismo, un trastorno fisiológico, un *shock* psicológico o por la simple oportunidad de asistir a un círculo de sesión mediúmnica.

En este último caso, la persona con la capacidad latente despierta a sus nuevas capacidades que ignoraba que tenía, y su vida comienza a ser diferente a partir de ese momento.

Determinadas prácticas de disciplinas orientales, tales como el ayuno, el ascetismo y el yoga, favorecen el desarrollo de las capacidades mediúmnicas.

El estudio de la historia de los grandes místicos metagnomos muestra de manera fehaciente que casi todos fueron ascetas, que practicaron largas meditaciones y realizaron prolongadas plegarias en su esquema de hábitos cotidianos. Fueron seres sedentarios de la ermita, del claustro o del templo, con alimentación defectuosa, ayunos prolongados y un esquema regular de insuficiente sueño.

La correlación entre las costumbres ascéticas y la psicofisiología, favorables a manifestaciones especiales, denota un estado funcional diferente de sus cuerpos.

La utilización de sustancias con variado grado de toxicidad, como el opio, el hachis, el peyoth, la mezcalina, la marihuana, la psicobicina, y el ácido lisérgico (LSD), puede llegar a generar estados orgánicos cercanos que en algunos casos favorecen las visiones metagnomónicas.

Estas sustancias y las prácticas ascéticas generan un estado orgánico particular, cercano al "estado de trance"; que en los mediadores se produce de manera espontánea y que parece ser la condición indispensable para la aparición de capacidades paranormales.

Desde un enfoque psicológico, el trance puede imaginarse como un estado especial de la consciencia, o a veces también como una pérdida de la consciencia, que en ocasiones puede estar acompañado de convulsiones. Se puede observar asimismo el descenso de la temperatura en las extremidades, el aumento del ritmo cardíaco, y el incremento o disminución de la frecuencia respiratoria.

En algunos mediadores se generan hiperapneas de más de cien respiraciones por minuto. Se puede observar también en algunos sujetos la aparición del ritmo cerebral alfa, con aumento de las secreciones.

Algunos mediadores se dan cuenta de los cambios fisiológicos y también psicológicos que se verifican en ellos, cuando están en estado de catalepsia o de trance.

Cuando ello ocurre, lo definen como estar en un nuevo estado psíquico, diferente al habitual. Lo sienten como si en esos momentos no fueran la misma persona, ya que no visualizan o no sienten de la misma forma en su estado de vigilia habitual.

Se produce como un desdoblamiento de la personalidad, y es como si hubiese otra persona oculta dentro del ser del mediador, que emerge en un instante para asumir el control del mediador. Es como si hubiese dos entidades compartiendo el mismo ser en la persona del médium, como dos inteligencias sobrepuestas.

Una, de momento más pasiva, como consciente. La otra, en plena efervescencia, la inteligencia subconsciente; con más fuerza y capacidad para realizar las tareas imposibles y misteriosas, dando lugar a facultades impensadas y no definibles.

Con todos los elementos presentados anteriormente, en la segunda parecen formarse una legión de operarios que trabajan para ella, de diversas formas y en diferentes partes o lugares a la vez, con el objetivo de aportar todas las informaciones posibles, para producir la visión supranormal.

Debemos cuidar y proteger a los mediadores, es la sugerencia del autor de este y otros libros, para que nos ayuden con su mediación al entendimiento y al desarrollo de las ciencias generosas. Para poder entender con su ayuda las leyes universales y poder así mejorar la calidad de vida en el planeta, cuidando de no desviarnos de los valores reales, y también en tal accionar no afectar a estos seres privilegiados y tan diferentes en su sensibilidad.

Los mensajes mediúmnicos son logrados a partir de un trabajo de equipo formado por el mediador y su círculo, así como de los observadores incorporados en su proximidad, que son los que actúan sobre el propio campo de fuerza del sujeto mismo.

No es solo el efecto de las emociones del mediador y su círculo, sino además, en cierto grado, el impacto de las emociones sentidas por los observadores presentes en la reunión.

Los campos de fuerza de las personas presentes en la reunión pueden a veces interferir con el campo del mediador; en palabras simples, para que se entienda; determinadas personas pueden llegar a emitir de manera inconscientes radiaciones hostiles, proyectando su escepticismo. El mediador puede receptar y registrar estos sentimientos que lo afectan en sus actividades, en cualquiera de ellas, la que esté realizando en ese momento.

Por el contrario, en un clima de buena disposición de los asistentes a la reunión, el mediador puede realizar sus actividades previstas sin demoras de tiempo.

En los trabajos escritos referentes a hechos de previsión individual, hay muchas descripciones, pero sólo algunos de previsiones de acontecimientos generales.

En estos, los mediadores parecen conocerlos solo de manera indirecta, por reflejo de las consciencias individuales del círculo cerrado de trabajo, y como consecuencia, fragmentariamente por la visión de signos que pueden luego ser interpretados por ellos de una manera determinada.

Se han descripto también, en algunos mediadores de acción telepática, que pueden llegar a mostrar los mismos perfiles electrocardiográficos, estando en la actividad de transmisión de imágenes o mensajes, aunque ambos, emisor y receptor, estuviesen separados por varios cientos de kilómetros.

Según algunos investigadores, la telepatía está favorecida cuando existen ciertas armonías fisiológicas entre el agente emisor y el agente receptor, como: el mismo ritmo cardíaco, o similitudes electroencefálicas, cuando están desarrollando la actividad mencionada.

También la localización cerebral del área en que se manifiesta la telepatía, dependería de la naturaleza del mensaje transmitido: si la transmisión es de una imagen visual, la actividad cerebral del receptor estaría localizada en la región occipital. Por el contrario, si se trata de un mensaje sonoro, la localización sería en la región temporal.

La capacidad de algunos mediadores de poder alterar la estructura molecular de los metales fue demostrada de una manera convincente también frente a prestigiosas autoridades de institutos y universidades. Todas estas actividades que han sido monitoreadas con microscopios electrónicos muestran una relación entre la física y la energía espiritual.

Se acepta ya en nuestros días, que la mente humana tiene capacidades cuyas extensiones no se conocen bien aún, y que nos confirman de alguna forma la grandeza del alma.

He conocido algunos mediadores con diferencias y similitudes en sus capacidades especiales, la mayoría eran mujeres, y casi todos tenían un pasado histórico azaroso y colmado de vicisitudes, con dramas familiares que han tratado de sobrellevar y superar, a lo largo de sus vidas.

Hubo, en algunos de ellos, períodos de latencia en los cuales, las capacidades especiales en esos años de su historia estuvieron adormecidas, para luego despertar nuevamente frente a hechos que marcaron nuevamente sus vidas.

Esto es particularmente tangible en los mediadores que son mujeres, quienes tuvieron sus experiencias iniciales en la adolescencia, para entrar en una latencia de años que se corresponde, casi siempre, con la época de la procreación y de la crianza de los niños; para experimentar un nuevo despertar espiritual posteriormente, cuando había finalizado ese tiempo.

No tengo dudas de que son seres especiales, que sufren más que la mayoría de mujeres y de hombres que no han desarrollado estas capacidades.

Su especial sensibilidad los lleva a esa situación, pero merced a su accionar, pueden cumplir con algunas tareas que son casi imperativas del orden universal, cuya necesidad es desconocida por la mayoría de los seres humanos.

A las personas que son seres mediadores no debemos dejarlas solas, porque necesitan de la compañía y la contención de los seres de su entorno durante toda la vida; a la manera de un círculo de protección que les modera el impacto directo del mundo real o físico, el cual rara vez logran aceptar en su totalidad, considerando su cambiante e impredecible situación.

Con el paso de los años, los mediadores suelen aislarse cada vez más del mundo real, viviendo una sintonía intermedia entre el mundo espiritual y el mundo físico, no siempre bien entendida por los seres humanos que rodean sus vidas.

Ellos necesitan siempre ser apoyados y comprendidos por su entorno, para desarrollar las tareas encargadas por Dios. Cuando ello no ocurre, a veces pierden la sintonía con el mundo espiritual, y también puede ocurrir, aunque sea de manera temporal, que pierdan sus capacidades.

Suelen ser los momentos en que los amigos y los familiares, al no entender lo que está pasando, se distancian de la persona mediadora, produciendo efectos no deseados en su vida y en sus capacidades.

También es importante que en algún momento de su vida, cada mediador conozca alguna persona que sea su par, es decir, que tenga capacidad mediúmnica, sea hombre o mujer, y no es necesario que tenga capacidades iguales o semejantes, a las del mencionado en primera instancia.

Es una situación que quizás no se repita en la historia de su vida. No obstante, es importante que lo haga, porque esa situación le confirma, entre otras cosas, que no está solo en este mundo y que en algunos lugares tiene pares suyos que viven experiencias parecidas.

Quizás no es condición necesaria que se frecuenten entre ellos, porque cada cual tiene un camino trazado que más tarde o más temprano logra visualizar.

Como dicen ellos mismos en sus momentos de diálogo, "una vez iniciado el camino espiritual y habiendo desplegado todas sus capacidades, cada mediador termina siendo su propio maestro".

Comentarios de los expertos en parafenómenos

Una de las primeras reflexiones de las personas dedicadas al estudio de los parafenómenos se presenta como la notable persistencia de los prejuicios que tienen algunos divulgadores científicos que se consideran casi la "palabra autorizada", al afirmar con total convicción la inexistencia de ciertos hechos ampliamente comprobados y que no han sido aceptados por las ciencias que son consideradas oficiales o académicas. La situación de estos comunicadores es bastante cómoda ya que atrae con facilidad afinidades de todas las direcciones en un tiempo en que se celebran con frecuencia los triunfos logrados por la ciencia. Casi siempre ignorando con exactitud las tareas, los límites y las posibilidades reales de la investigación científica así como dificultando la difusión de obras escritas, que pretenden ser divulgadoras, presentando los hechos tal como fueron observados, casi sin prejuicios.

La tendencia comunicacional a suprimir los temas planteados por esta clase de fenómenos es una de las tantas fragilidades humanas, y como tal es comprensible, pero no justificable; especialmente cuando se refieren a experiencias observadas y realizadas por estudiosos calificados.

Estas tendencias nos dejan entrever que el hombre moderno también puede sufrir temores irracionales, como les sucedía a sus lejanos antepasados. Estos, de igual manera, estaban casi obsesionados por los aspectos inexplicables de la naturaleza, en los que veían agitarse fuerzas no visibles y amenazantes.

El hombre de hoy también siente temor a lo desconocido, pero los motivos casi siempre son otros, frente a los acontecimientos paranormales. Siente amenazadas las ideas que se ha formado del universo, las cuales, piensa, deberían ser ya definitivas respecto a lo mencionado.

La ciencia está llamada a progresar de manera continua, es un hecho innegable, y quizás por esa razón su diálogo con lo desconocido, es algo que no podrá agotarse tan fácilmente.

Cuántos y cuáles son los fenómenos de una naturaleza excepcional es motivo de discusión entre las personas sensitivas y las que trabajan en el desarrollo de las ciencias.

Una característica fundamental es la comprobación de que los fenómenos paranormales son todos referibles a algunos estados de consciencia especiales, en los cuales algunas personas consiguen movilizar las capacidades latentes en el yo y ponerse en directa relación, con las leyes de un universo más fundamental que el sensible.

En este universo fundamental, la mente consciente no tiene acceso, en cambio sí puede llegar con toda displicencia la mente inconsciente, apoyada hoy por ciertos hallazgos psicológicos-psiquiátricos y otros desarrollos físicos-matemáticos que podrían integrarse a su vez con los primeros.

Quizás la evolución podrá conducir en algún momento de la historia a una coordinación más estable entre las capacidades primordiales del ser humano, con las capacidades suprarracionales latentes en el inconsciente.

Luego de la lectura de muchos trabajos relativos a los hechos paranormales, así como de los perfiles de personas que tienen la capacidad de generar parafenómenos, en el lector debe generarse por lo menos la duda, y mejor si se llega a la certeza, acerca de si la ciencia en su total marco académico logra explicar todo, y de si lo desconocido y misterioso que nos circunda, es mucho más vasto e inconmensurable de lo que regularmente se piensa.

El escrito presentado tiene como soporte el haber conocido a personas que pertenecen a ese mundo tan especial al que pertenecen los sensitivos, los clarividentes y los mediadores; un mundo que las personas comunes solo conocen en la superficie, como consecuencia de las incontrolables deformaciones de perspectiva, creadas por los prejuicios corrientes.

Hay personas que están convencidas de que algunos de los sujetos descriptos en este libro tienen en verdad una conexión con una clase de realidad que cursa y se desarrolla por fuera del dominio de los sentidos, realidad que puede ser interpretada de diversas maneras, según las concepciones naturales o extra naturales que cada persona tiene.

En medio del cúmulo de opiniones respecto de los parafenómenos, impulsado por la actitud de búsqueda y la curiosidad propias de los formados para desarrollar investigaciones; yo quisiera ver más claro y quizás entender un poco más lo relativo a la existencia de realidades insólitas y de hecho inexplicables.

Para mí, lo importante de este escrito es lograr que se genere en el lector cierta curiosidad no exenta de reflexión, en cierto orden de temas que la modernidad ha sepultado bajo una montaña de preconceptos y de prejuicios.

La idea es generar dudas sobre ciertas certezas presumidas, a propósito de los misterios que subyacen sin explicación, en nuestra diaria existencia.

Nuestra consciencia diurna nos pone en contacto con el mundo externo y controla los movimientos voluntarios de nuestro cuerpo.

Percibimos tres dimensiones espaciales, y por medio de nuestros cinco sentidos, recibimos la información del lugar donde vivimos, todo ello inmerso en el universo sensible y sujeto a las variables del espacio y del tiempo.

Si consideramos un tipo distinto de consciencia que a veces se manifiesta en algunos sueños de especiales características, vemos que están desvinculados de la lógica corriente, que son independientes de los sentidos y que están exentos, de las restricciones del espacio y del tiempo.

En estos estados de consciencia, tienen lugar los parafenómenos del ámbito del mundo misterioso, generalmente nocturnos, y cuya puerta de entrada son los sueños, que parecen escapar de una manera casi constante al control de la consciencia común.

Por medio de esta vía tan especial, se pasan algunos contenidos a nuestra memoria consciente, revelándonos conocimientos y capacidades que desconocemos tener y que son patrimonio escondido del yo profundo.

Algunos anuncios son del futuro que nos aguarda, y ellos son los sueños precognitivos o premonitorios, presentes en los textos sagrados de varias religiones tradicionales y también en creencias populares.

A veces los sueños son simples y relacionados con las cosas cotidianas; en otras oportunidades, en cambio, no lo son. La actividad precognitiva nocturna no siempre se liga a motivaciones personales de gran perfil, y con la misma indiferencia, la mente humana referencia hechos del futuro o del pasado, y pareciera que la noche suprimiese la barrera del tiempo y de las distancias.

Los sueños en algunas oportunidades son compartidos por dos protagonistas, son manifestaciones insólitas de nuestro psiquismo secreto, y por lo general, esos protagonistas están unidos por un fuerte vínculo afectivo.

En algunos de los hechos descriptos, los sueños son fuente de saludables advertencias para quienes sueñan.

Ciertos sueños permiten hurgar en el pasado no solo de la persona involucrada, sino también más allá de las experiencias de aquella. Puede ocurrir que el sueño haga emerger al nivel de la consciencia antiguas noticias olvidadas para la persona.

Es posible que los mensajes que provienen de las profundidades de la psiquis hayan experimentado la necesidad de emerger con ciertos ribetes dramáticos, quizás para lograr la atención de los residuos de la consciencia diurna que subsisten en el sueño.

Esto se aplica a las personas con capacidad de ser mediadores, pero también a las personas comunes sin esa capacidad, que desde luego pueden en algún momento, acceder a la fuente del saber misteriosa y escondida.

En el primer lugar, al frente de lo desconocido están sin duda los mediadores, de forma que su testimonio debe ser considerado con atención, y esto es independiente de las interpretaciones que ellos les dan a ciertos hechos en los que tienen protagonismo.

Tal vez los sueños, hacen un esfuerzo por ayudarnos a resolver las dificultades de todo tamaño, que encontramos en el transcurso de la vida diurna Nos conducen a veces a grandes hallazgos de objetos perdidos, a elaborar datos confusos acaso olvidados, que tienen relación con cierta situación o ponen al que sueña en un plano de rendimiento superior, despertándole capacidades increíbles y a veces poniendo a disposición del elegido conocimientos ajenos a su haber cultural y a su formación profesional.

En el extenso territorio del inconsciente, encontramos impulsos instintivos y primarios, fuerzas y recursos que en determinadas condiciones tratan de integrar los recursos conscientes. También lo hacen para cubrir las faltas intelectuales y cognoscitivas, incluso a veces, superando las posibilidades esperadas de la persona que sueña.

Los especialistas en neurofisiología opinan que el sueño, es el idioma del inconsciente que oímos durante el tiempo que estamos reposando.

El diálogo tiene lugar relacionando dos instancias de nuestra personalidad: la consciencia diurna y nuestro interlocutor secreto del yo profundo, y es por cierto, un diálogo variable, difícil y a veces desconcertante.

Los hallazgos más relevantes de este tema giran alrededor de la idea de que el sueño es una actividad psíquica necesaria y fisiológica y que más allá de lo que se crea todos tenemos actividad psíquica nocturna, que ocurre según ritmos regulares e inalterables.

Solo una parte muy pequeña de nuestros sueños llega hasta el nivel de la consciencia, y nuestro organismo tiene la necesidad de soñar tanto como de dormir.

Si podemos aceptar la idea de colaboración entre el plano diurno de la personalidad y el otro plano, que con frecuencia es el nocturno; surge la necesidad de extender el concepto de sueño a todos aquellos estados de la consciencia en los que el psiquismo profundo, hace un gran esfuerzo por colocarse en primer plano hasta sobreponerse al yo de superficie. Esto puede ocurrir, cuando se da la oportunidad de una situación de bajo nivel de vigilancia.

Según algunos investigadores, aún durante el día, coexisten el estado de sueño y el de vigilia o diurno. Al parecer, la existencia de ambos no se detiene nunca, pero en la fase diurna se hace poco perceptible, en momentos en que la consciencia se ocupa del mundo exterior.

A veces el psiquismo profundo no puede forzar la barrera, pero ocurren reflejos viscerales que llegan a la superficie del estado consciente, transformándose en imágenes o en emociones, que son los instrumentos expresivos del sueño.

Se trata de un fenómeno entendido y aceptado, que varía de intensidad según el grado de apertura que la consciencia de vigilia mantiene respecto de la otra, o sea que depende de cuán fuerte es la pared que las divide.

Existen todavía en nuestro tiempo personas que creen que la mediumnidad y la clarividencia son manifestaciones de perfil francamente patológico. A veces ignorando sobre la temática, otras olvidando que casi todos por las noches, aún sin que lo sepamos, tenemos capacidades para la clarividencia.

El muy diferente universo en el que viven los mediadores se asemeja mucho al de los sueños, y los más calificados son los que frecuentan con asiduidad el universo onírico.

Para algunos de ellos es posible suspender la atención de manera voluntaria, por breves instantes; pudiendo observar con expectación, sus propias alucinaciones de manera semejante a un sueño.

Pueden algunos de ellos detener su pensamiento consciente, o sea que pueden soñar despiertos, y no se manifiestan en el exterior corporal de la persona los signos de esta tarea mental paranormal.

Desde este extraño y particular universo, ellos pueden captar conocimientos que están más allá de las barreras del espacio y del tiempo del yo consciente, que en estado de vigilia no pueden hacer.

Casi todas las personas tienen la inclinación a identificarse con la mente consciente, que parece tener conectividad con algunos caminos no muy conocidos del yo profundo.

Este aspecto un tanto desconocido del yo de la profundidad realiza la interlocución con la mente consciente y parece tener un rol protagónico en los sueños oníricos diurnos y nocturnos; que ignoran el espacio y el tiempo, que son dos variables alrededor de las cuales gira nuestra razón, para conservar nuestro rumbo existencial.

Para el yo profundo, no existe la relación de proximidad o lejanía, de pasado o de futuro, ni tampoco la resistencia de la materia. Este yo sólo puede iluminarnos cuando se opaca el yo consciente, que es el eje en el que se apoya la existencia diurna.

El universo sensible nos absorbe, y no nos damos cuenta de la otra modalidad existencial relacionada con nuestro psiquismo secreto, que posee más amplias posibilidades.

Nuestra vida transcurre entre diferentes estados de consciencia, enfocados sobre el universo sensible, una parte del tiempo.

En los contactos circunstanciales y esporádicos que ocurren en los sueños, con diferentes orientaciones y significados, a veces podemos ver el universo más amplio.

También se conocen los efectos extraños, que pueden tener los sueños inconscientes de algunos adolescentes sobre algunos objetos inanimados, así como los sueños que parecen transmitir una vida muy breve a ciertas creaciones del pensamiento, o las inexplicables visiones, que nos transportan al eje de las realidades desconocidas.

Las posibilidades de la mente libre

En nuestros días, se piensa que una toma de consciencia de las posibilidades que tiene nuestra mente abre las puertas que no se ven claramente al estar disimuladas por el cúmulo de actividades cotidianas que nos producen distracción.

Los estudiosos de los parafenómenos quisieran que éstos pudieran ser reproducidos a voluntad, pero esta situación no siempre es posible. Sólo en muy pocas situaciones los fenómenos inexplicables pueden practicarse a voluntad del mediador.

En algunas de estas situaciones existe un curioso ensamble entre la realidad onírica y la común, con los singulares efectos que resultan del producto de esas dos situaciones.

Algunos mediadores pueden lograr trances a veces poco profundos, que por otra parte es una de las tantas formas de sueño superficial un tanto vigilante, que permite que emerjan las capacidades latentes del yo profundo o inconsciente.

De esta manera, el cuerpo humano se convierte en un instrumento pasivo, la mente adquiere un carácter tal que le permite estar "aquí" y "muy lejos de aquí", ver a la distancia sin la ayuda de los ojos, y penetrar en la opacidad de los cuerpos. A esta capacidad, se la conoce con el nombre de "clarividencia a distancia" o "capacidad para el diagnóstico a la distancia".

Las primeras experiencias llevadas a la escritura, se remontan a los tiempos de la civilización romana, en los inicios de la era cristiana, en la que un sacerdote siguió a distancia el desarrollo de la batalla de Tarsalia en todas sus instancias, en la que resultó vencedor el César.

Los estudiosos del siglo XIX utilizaron técnicas hipnóticas combinadas con técnicas magnéticas, médicas y psiquiátricas, por medio de las cuales provocaban estados sonambúlicos del trance, en sujetos sensitivos.

De esta forma, la mente de esas personas lograba una libertad no conocida en su estado de vigilia o consciente, produciendo fenómenos paranormales que han sido documentados de manera disciplinada, evidenciando las capacidades poco normales de los sujetos estudiados.

Esto aporta una idea más profunda de la naturaleza humana, de sus capacidades y de sus límites.

Los estados mencionados pueden lograrse en determinados sujetos, por medio de la utilización del éter etílico o de drogas alucinógenas, sólo para sujetos que están dotados de auténticas capacidades paranormales.

Pero es un hecho comprobado que ningún compuesto químico o droga alucinógena puede transformar en visiones verídicas, las visiones no reales o fantásticas de un sujeto que no está dotado de la sensibilidad para la tarea de mediador.

La única función que cumplen a veces estos compuestos químicos en sujetos sensitivos es la de ser un catalizador del hecho paranormal, son solo facilitadores.

Pero es realmente en el sueño donde la mente encuentra su real desahogo, y como decían nuestros predecesores, es durante este tiempo que el alma sale del cuerpo y vuela en la búsqueda de increíbles aventuras; dejándose atraer, por los acontecimientos relevantes al interés de la persona.

Todo esto ocurre sin la intervención del yo consciente, que nada puede hacer e ignora lo que puede estar pasando.

Pareciera que en algunos sujetos su personalidad se hubiese organizado de forma equilibrada, solo alcanzable por medio de un orden particular y transitorio, que se concreta en el estado de trance o semitrance.

Ellos dan lugar a formas diferentes de sueños, en los que se enfrentan las dos formas del yo: la diurna y la profunda, que es posible gracias al lenguaje universal de los símbolos fundamentales.

Existen hombres y mujeres muy especiales que pueden anticipar la posibilidad de generar una colaboración temporal en el estado de consciencia entre el yo de superficie y el yo secreto.

Las incursiones mentales en el pasado son posibles para algunas personas y consisten en la adquisición de conocimientos guiados por ciertos objetos.

Es una de las formas especiales de la clarividencia, denominada psicometría. Las personas que tienen esta capacidad, pueden permitirse la posibilidad de revivir episodios que pertenecen a la vida de otras personas, entre los que se incluyen: las sensaciones de alegría, de pena o de horror que marcaron momentos especiales de una existencia humana.

Todo esto es facilitado por efecto de misteriosos impulsos recibidos de un objeto inanimado, que fue el silente testigo de algunos momentos de aquellas penas o alegrías.

Casi siempre la persona sensitiva con capacidades psicométricas tiene una inclinación a identificarse con el dueño del objeto, de quien a veces imita gestos y actitudes.

A veces en casos sobresalientes, pareciera que el sensitivo depone temporalmente su personalidad, para asumir la del dueño del objeto, lo cual nos hace reflexionar en los casos de personalidades alternantes, facilitados por objetos de origen desconocido.

La psicometría permite a estas personas de una sensibilidad especial que son los mediadores la posibilidad de revivir por medio de objetos y por algunos minutos fragmentos de una historia o acontecimiento puntual.

No se trata por cierto de la memoria de los objetos, sino de la capacidad del mediador o sensitivo, que logra extenderse más allá de las experiencias personales hasta incluir en sus dominios un pasado que no le pertenece y al que puede acceder, merced a la clarividencia retrospectiva en un viaje mental hacia el pasado.

Las evocaciones psicométricas de algunos sensitivos con sus viajes al pasado, tienen a veces una intensidad dramática tal, que evocan con precisión los episodios vividos, cuyo nexo son los objetos encontrados, testigos de esa porción de historia.

Algunos sensitivospueden relatar un episodio sin conocerlo, como si hubieran sido partícipes de esa historia.

La mediumnidad implica casi siempre una recepción de los dolores encontrados, que es también casi inevitable en el proceso de identificarse con personas y con objetos, relacionados con un acontecimiento o episodio determinado.

Este efecto es mínimo en el estado de vigilia del mediador cuando la realidad de este reduce el entorno psicométrico. Pero puede alcanzar gran importancia en el trance profundo del mediador, cuando la realidad existencial del sueño evocado domina por completo el campo psíquico del sujeto. Para ellos se trata de una realidad vívida, y no de una visión.

La mente libre de algunos sensitivos clarividentes, tiene la posibilidad de volver al pasado que no conoce, identificándose con personas que ya no existen.

Considerando un marco referencial de retrocognición, no se plantean grandes diferencias entre las visiones retrospectivas que afloran en el transcurso de un trance, y las manifestaciones psicométricas practicadas por los sujetos. Aparentemente algunos de ellos conservan el control consciente y consiguen abstraerse lo suficiente del ambiente; como para escuchar el yo profundo, que es el gran estanque donde flotan, todos los conocimientos inexplicables.

La modalidad de estos fenómenos varía de un sujeto a otro según las costumbres, las convicciones, las preferencias del yo profundo y el tipo de símbolos necesarios para transmitir los mensajes misteriosos al yo superior.

El fenómeno es único y se plantea en el proceso de manifestación de imágenes oníricas, a veces claras y realistas. Otras veces, son simbólicas y despliegan un panorama extraño de recuerdos en la vida del sensitivo del que se dejan despertar, con la ayuda aportada por un objeto, o es el mismo ambiente el que sirve de guía.

La psicometría es uno de los fenómenos paranormales mejor estudiados. Son las capacidades de la mente más fáciles de analizar, ya que las experiencias pueden repetirse a voluntad, y también a que los mediadores tienen casi siempre buena disposición para reproducirlas.

El objeto o el medio ambiente tienen un valor determinante, y no puede prescindirse de ninguno de los dos para que el proceso psicométrico comience. Pero una vez iniciado este, prosigue aunque el objeto inductor sea destruido.

Es interesante saber que un mismo objeto examinado por dos psicómetras produce informes complementarios, pero a la vez distintos uno de otro.

Así como las imágenes llegan a nosotros en los sueños, los objetos a los cuales los sensitivos les preguntan hablan por medio del lenguaje universal de los símbolos.

Los sensitivos tienen capacidades especiales que logran en sus estados de ensoñación, que se traduce a un grado de libertad mental notable.

Quizás por las noches todas las personas seamos sensitivas en alguna medida o de alguna manera, puesto que el inconsciente en el estado de sueño, está más libre para emerger y expresarse.

Eso puede explicar la ocurrencia de los sueños premonitorios, que se manifiestan con cierta frecuencia en la vida de las personas.

En cambio, durante el día son pocas las personas que pueden llevar los mensajes desde el inconsciente hasta el nivel de la consciencia diurna, aprovechando las distracciones del yo de superficie, durante la realidad cotidiana.

Son personas muy especiales, cuya mente se desliza de cuando en cuando hacia el futuro, y pueden anticipar sucesos.

La precognición del futuro es un hecho desconcertante, pero innegable. Semeja una expresión a voz baja del inconsciente, que para poder aflorar aprovechó la distracción de un instante, ocurrida en la mente consciente.

En la mayoría de los países, las creencias relacionadas con la lucidez, la precognición y la visión doble son aceptadas y compartidas.

En algunos países existen otras creencias aun más especiales: la de que los matrimonios entre parientes sanguíneos, han reforzado ciertas características mediúmnicas hereditarias, aumentando por tanto, la frecuencia de los fenómenos considerados inexplicables.

Algunos autores han estudiados la frecuencia de los deslizamientos mentales hacia el futuro, observando que en algunas poblaciones montañosas de difícil acceso y que vivieron en condiciones de cierto aislamiento social; los habitantes de esas poblaciones, tienen más chances de incursiones mentales a futuro.

En algunas situaciones estudiadas se habla de alucinaciones intermitentes, auditivas y visuales, que anticipan en algunas horas del día acontecimientos simples y domésticos, tales como el abrir de una puerta, susurros a menudo percibidos por más de un sujeto; que solo se limitan a anticipar el hecho real, que luego puede ser comprobado hasta el más mínimo detalle.

Para lograr estimular la precognición, algunas personas han desarrollado técnicas propias por medio de las cuales logran sustraerse a la corriente ilusoria del tiempo, entrando a veces en otra dimensión, donde este pierde toda realidad, y donde parece que se puede vivir simultáneamente, el pasado y el futuro. Como si se pudiera liberar la propia mente de las injerencias de situaciones pasadas, y de las ideas relacionadas con las situaciones presentes.

Hay personas que han desarrollado una técnica psicofísica propia, para estimular la clarividencia y en particular la precognición. Gracias a ella, consiguen evadir la corriente ilusoria del tiempo y pueden entrar en otro plano, donde el tiempo pierde su significado y donde pueden cohabitar el pasado y el futuro.

Se ha estudiado la actividad premonitoria nocturna y se ha llegado a verificar que hay personas en las que el futuro puede insinuarse en su mente. También durante el tiempo de la vigilia, siempre que se le ofrezca alguna huella para seguir.

Lo que seguramente nos preguntamos con frecuencia es de qué forma el conocimiento de una situación puede preceder en el tiempo a la concreción del hecho real.

La precognición no implica en sí misma la existencia de causas relacionadas con la voluntad. El futuro existe siempre en cuanto su desarrollo nos afecta y no impide que desde otra dimensión o plano de superioridad se pueda conocer la expresión libre y futura de nuestra voluntad.

En algún lugar, por cierto, del espacio temporal, ya existen las consecuencias de nuestros actos de voluntad. El yo consciente todavía no las conoce, porque todavía no ha vivido esos actos.

El diálogo con el yo profundo no es sencillo, pero algunas personas suelen lograrlo más fácilmente que otras.

Es incierta la intercepción de los mensajes del yo secreto y se logra solo en algunas personas, con mayor frecuencia durante la noche o en los estados de meditación.

Otras personas parecen estar excluidas de todas sus comunicaciones, y también están, quienes reciben los mensajes pero no les prestan atención, o también puede ocurrir que no sepan interpretarlos.

Los investigadores modernos de este diálogo atribuyen al inconsciente el rol de guía o consejero, que interviene de diversas maneras y oportunamente protegiendo al sujeto consciente de peligros, contratiempos o catástrofes.

A veces ha ocurrido que ante una gran catástrofe, algunas de las personas que iban a ser afectadas, fueron advertidas unos días antes del acontecimiento por medio de avisos que afloran desde el inconsciente en muchas de ellas, disminuyendo la cantidad de intervinientes en el hecho.

Se trata de un "no sé qué", que naturalmente tiene el ser humano para percibir el peligro, de una manifestación precognitiva, que por alguna razón no se instaló firmemente en el plano consciente, porque se detuvo en algún punto del camino. Son expresiones de advertencias premonitorias, que no logran traducirse al lenguaje de la consciencia.

Existen innumerables situaciones registradas y descriptas de premoniciones que salvan vidas, algunas de ellas son conocidas con el nombre de premoniciones tutelares.

Algunos investigadores de parafenómenos piensan, que el inconsciente nos envía mensajes precognitivos continuamente en clave.

El gran desafío es interceptar esos mensajes del inconsciente y decodificarlos a nivel del estado consciente. Se trata de las extrañas relaciones entre la consciencia diurna y el yo profundo, y con ello, del suceso del que dependen muchas otras cosas, situaciones y hechos en los que a priori se cree.

Se ha observado que los mensajes de contenidos dramáticos y tristes llevan una mayor carga emotiva, son más frecuentes, están casi siempre mejor documentados, y existen mentes con mejor disposición, para captar estos ecos con anticipación.

Lo usual es, que se tienda a excluir lo paranormal como las explicaciones pertinentes de un hecho, pero cuando las coincidencias empiezan a resultar numerosas, se comienza a sospechar que ocurrirá cierto designio, que ya ha sido preestablecido por el universo.

Los contactos intermentales

De una manera muy general, los contactos intermentales y la clarividencia en sus diferentes manifestaciones, en especial aquellas que se despliegan hacia el pasado o hacia el futuro, se encuentran entrelazados y caminan juntos con el mismo paso; en cuanto son componentes indivisibles de un proceso cognoscitivo único, que está más allá de nuestras posibilidades conscientes.

Se las imagina como mascarillas cosméticas de esa capacidad conocida como percepción extrasensorial, que puede captar noticias y recuerdos en la mente ajena y también darse cuenta por sí misma de determinados aspectos de la realidad, sin el aporte de los sentidos y con independencia de otras mentes.

Si con los testimonios sin objeciones bastara para hacer comprender y aceptar los fenómenos no explicables, la clarividencia y otras capacidades paranormales serían en nuestro tiempo motivo para el conocimiento tranquilo y no dudable, con difusión programada tal vez en la educación regular, porque son acontecimientos más numerosos de lo que *a priori* se cree.

Es verdad que muchas personas, para que estas capacidades afloren, necesitan del estado de trance y que en otras puede pasar desapercibida, semejando una simple distracción.

No está todavía claro, en cuanto a la fisiología cerebral, cuál es el mecanismo funcional que gobierna tales manifestaciones paranormales o que las acompaña, experiencias realizadas en el campo de la neurología.

Como en otras situaciones, el eje psicofisiológico que debe generarse a los efectos de lograr la clarividencia en un sujeto con esa capacidad está representado por la disminución del nivel de vigilancia de su consciencia diurna.

En cuanto se logra ese estado, emerge un nuevo estado de consciencia, como si se lograra el contacto entre el yo profundo y el yo de superficie, aportando el primero casi todos los conocimientos trascendentes.

Para que esto ocurra, a veces es suficiente que se provea solo un simple objeto, que guíe la mente clarividente hacia acontecimientos lejanos en el tiempo y en el espacio, como ocurre en la psicometría, que es aceptada como una clarividencia muy especializada.

La clarividencia en su estado puro es la que a veces logran algunas personas en el contacto directo y autónomo, entre su mente y la realidad, sin la interacción con otras mentes.

Se dice también que no existe ninguna situación de personas con capacidad de clarividencia que no pueda ser explicada por una combinación adecuada de telepatía y de precognición.

La opinión de los especialistas en parapsicología es que la clarividencia existe como capacidad cognoscitiva, autónoma y suprarracional de la mente, con la persona o con el objeto considerado.

En cuanto a los rituales de soporte de la clarividencia, los hay de múltiples y variada naturaleza. En nuestros días, son cada vez más simples.

Ellos son los motivos que le permiten a la persona sensitiva usar los reflejos condicionados desarrollados por ella misma, para llegar a ese estado especial de la consciencia, que es fértil en la creación de sueños verídicos en estado de vigilia a ojos abiertos.

Como en los sueños genuinos, estas visiones responden a leyes oníricas, y a veces llegan a confirmar signos o símbolos a nivel personal o de percepción colectiva.

En las actividades mediúmnicas, la capacidad de clarividencia encuentra también una utilización como soporte, dando lugar a las respuestas del inconsciente, a las preguntas formuladas en una reunión o en un círculo.

Estas fueron prácticas que tuvieron en su momento mucha aceptación, pero es condición de que debe ser realizada por personas dotadas de mediumnidad, es decir, capaces de mantener una comunicación con el propio inconsciente.

En determinadas condiciones, el inconsciente se deja interrogar, él establece los contactos y provee las informaciones por medio del tiempo y del espacio.

Algunos mediadores consiguen dialogar libremente con personas vivas a distancia, por algunos de los mecanismos conocidos, como el de la escritura automática o la telescritura.

Hay muchos ejemplos en el mundo y en los diferentes tiempos, en que algunas personas con la capacidad para la clarividencia realizaron tareas que impactaron y que resultaron inexplicables. No obstante, debemos pensar que las diferentes clases de clarividencia son capacidades de perfiles aleatorios y poco controlables. Sería impensado aceptarlas como recurso estable y seguro, para una sociedad moderna.

En un marco referencial de pueblo primitivo, esta misma capacidad puede llegar a ser interesante, porque puede llevar a estas personas a tener un protagonismo especial en ese grupo humano, y las autoridades del grupo llegan a tener un compromiso cultural con el sensitivo.

En nuestras sociedades, hay cierta confusión en los esquemas de las civilizaciones actuales, y como casi siempre ocurre, se quieren negar algunos aspectos de la realidad prohibiendo el ejercicio de la videncia, sin entender muy bien la diferencia entre los genuinos videntes, y los grotescos embaucadores.

Algunos investigadores aplicaron la estadística al estudio de los parafenómenos, estudiando con repetición las pruebas de estudio, aplicando sus opiniones y sus consideraciones de la probabilidad a la valoración de los resultados.

Uno de los logros más relevantes fue haber centrado la atención en la precognición extrasensorial por la vía telepática o clarividente.

Ellos avalan la hipótesis de que esta es un fenómeno universal más allá de las diferencias logradas en cada sujeto, ya que en algunos se manifiesta de una forma más eficaz que en otros.

Esto siempre aceptando que el conocimiento paranormal es patrimonio del yo profundo, que de alguna manera hace oír su voz.

Otros investigadores piensan que el método estadístico restringe, inhibe o anula el fenómeno de percepción paranormal al distanciarlo de su contexto afectivo, mostrando a veces la falta de interés del sujeto. Con frecuencia lo separa del calor humano y le esconde su significado profundo.

Un tercer grupo de investigadores propone que se valoren y evalúen los casos espontáneos, que tienen lugar sin ninguna preparación fuera de los laboratorios y que no son esperados, pero que tienen un valor indiscutible, para los fines de estudios y de investigaciones.

También es conocido por los estudiosos de la percepción extrasensorial de los parafenómenos dependen en gran medida del estado anímico de los protagonistas, de la edad, del estado de salud, del grado de adaptación social y también de la utilización de fármacos, destinados a favorecer los estados activados del psiquismo paranormal.

Todo lo mencionado en el caso de que el sujeto resulte dotado, para lograr la interacción entre el yo de superficie o consciente y el yo profundo.

Las mentes pueden comunicarse e intercambiar experiencias simples como pensamientos o experiencias complejas y específicas.

Los puentes hacia las profundidades del ser, parecen haberse deteriorado en nuestro tiempo, y con ello, los caminos parecen ahora desconocidos y con algo de misterio entre los individuos.

Otra forma de la que emerge la sintonía psíquica es la capacidad mediúmnica de la lengua, por medio de la cual parece encausar a dos mentes a un funcionamiento coordinado, que es una de las tantas formas de la que se conoce como el conocimiento inexplicable, que emerge de repente en personas con capacidad mediúmnica, imposible de explicar desde una fisiología cerebral.

El hecho de que una persona que sólo conoce su lengua materna pueda en determinadas condiciones comunicarse con otras de culturas muy lejanas con lenguas que no tienen similitud de ninguna clase no es por cierto fácil de explicar.

La capacidad de una persona para comunicarse con lenguas desconocidas se conoce con el nombre de xenoglosia que es un fenómeno frecuente que emerge casi siempre en las sesiones mediúmnicas, y que solo el mediador consigue en el estado de trance.

En cuanto a las fuentes de conocimientos que nos son conocidas, la subconsciencia puede elaborar recuerdos ya olvidados y convertirlos en formas nuevas, gracias a todo lo que escapa a la mente consciente.

Los fenómenos que emergen de manera imprevista se extienden también a los ámbitos, a las narraciones y también a las artes plásticas. Como consecuencia de algunas de estas experiencias, hay libros escritos por autores que dicen no haberlos escrito y pinturas logradas en estado de trance, en las que los autores jamás habían usado un pincel.

Podemos intentar describir ciertas realidades que sobrepasan el mundo sensible, aún a sabiendas de que el léxico usado es inadecuado, debido a que ha sido desarrollado para otro orden de acontecimientos.

Los comienzos de una consciencia distinta siempre ha sido producto de un pensamiento y un anhelo, que ha tenido la humanidad en diferentes tiempos, a lo largo de su historia.

La genialidad y la racionalidad perderían su protagonismo, si no se las correlaciona con otras verdades de alcance profundo, que representan un vínculo de asociación con el misterio del mundo.

A veces la ciencia recorre los caminos traslúcidos de la racionalidad, al tiempo que algunos científicos olvidan que esos caminos llevan a las raíces de los misterios del mundo, que se alimentan de verdades desconocidas, cuyos alcances son insondables.

Es bueno y saludable que el hombre se enorgullezca de su raciocinio, en tanto no le niegue valor a una parte de la experiencia.

Ciertos conocimientos, no aparecen vinculados al intelecto consciente. Cuanto más elevados son los hallazgos, menos comprometidas están las áreas del raciocinio.

En cierta forma, lo que podemos hacer para definir la genialidad generalmente se relaciona con lo que podamos decir del psiquismo ultraconsciente, el cual está casi siempre lejos del pensamiento lógico.

Casi todas las creaciones de las personas que son genios, tratan de mostrarnos la existencia de un psiquismo muy diferente, cuyas construcciones o expresiones, se edifican según leyes no conocidas que nos parecen, en primera visión, de una inteligencia diferente.

Se parece más, a una forma de adquirir conocimientos por medio del inconsciente, que a verdades escondidas para la mente consciente.

Se las observa en pintores y en músicos de otrora, que lograron grandes obras en su tiempo.

Lo especial de las creaciones del genio respecto del circunscripto universo de la consciencia está avalado por el hecho de que con cierta frecuencia, los seres humanos dotados y menos maduros en su intelecto son quienes reciben con grandeza, los legados procedentes de las fuentes misteriosas. El caso de los niños prodigio es un ejemplo que solo puede ser explicado desde los aportes del yo profundo. Niños que desde temprana edad tienen capacidades específicas de los adultos especializados, recibidas de repente sin los tiempos de adiestramiento y de aprendizaje.

Siempre hubo, y hay en nuestro tiempo, niños que nacen con capacidades especiales, a los que llamamos niños genios, con aptitudes excepcionales para la música, el arte, las lenguas, el cálculo aritmético o los juegos complejos.

El cable conductor que parece unir a cada uno de estos niños o jóvenes es la gran pasión y el empeño que ponen en sus actividades predilectas, que son el objeto de esa pasión excepcional.

De un modo muy similar, se cree que el arte generado a partir de capacidades paranormales en las personas adultas dotadas y también en los niños con capacidades excepcionales está a cargo del inconsciente; que es el que actúa de manera imperativa, confrontando con las tenues resistencias de la mente consciente. Pero en el caso de estos niños, se trata de un aspecto luminoso, que todavía no está bien valorado.

Algunos autores, por el contrario, hablan de una superconsciencia, que sería la impulsora y a la que se debería la elevada creatividad de estos niños tan diferentes.

Estos conceptos de otros estudiosos los ubican en la contracorriente, de los conceptos aceptados para los primeros, que los relacionan con aspectos de perfil instintivo ubicados en el yo profundo.

Se ha observado que las capacidades de los niños cuyas mentes están dotadas para el cálculo, y que se parecen a los hombres con capacidades muy especializadas y también con capacidades extraconscientes; en la mayoría de los niños estudiados en el tiempo, desaparecen, y solo de manera muy excepcional, se mantienen en la edad adulta.

Se han dado casos muy bien documentados en los que niños prodigio, para el cálculo en su tierna edad, fueron perdiendo sus aptitudes en la medida en que sus dotes para el cálculo se fueron consolidando en algunos casos en el plano consciente cuando fueron adultos.

Se diría que sus mentes fueron más receptivas en su edad infantil, cuando podían captar conocimientos de fuentes desconocidas. Luego su receptividad en determinados casos se redujo en la medida en que los sujetos lograron una consciencia más plena de ellos mismos, con las ventajas y con las inhibiciones de cada caso.

Los casos de los niños que son precoces en el cálculo están en el grupo de hechos por demás desconcertantes. Algunos de ellos, cuando se convierten adultos, abandonan el hábito de calcular y optan por ejercer algunas capacidades especiales como la clarividencia, problema que no puede ser explicado por medio de las ciencias modernas dedicadas al estudio de la mente.

Se trata en casi todos los casos de algún recurso de los que tienen los sensitivos, que cuando los ejercen los lleva a un estado de consciencia diferente que les permite hacer emerger los recursos del yo profundo, que les facilita ver las soluciones a los problemas que les fueron planteados.

En algunos de ellos coexisten y también colaboran dos modalidades distintas de consciencia y de pensamientos: la del yo consciente, que se sirve de un menú de los conocidos procedimientos lógico-deductivos, y la del yo profundo, que tiene el "sentido intuitivo de la problemática planteada".

Los calculadores de estas características son sensitivos, y los fenómenos inexplicables que ellos generan proceden de una fuente desconocida y otra seguramente paranormal.

Son contados y también conocidos los casos en los que los dos planos de la mente logran un modo de coordinarse de una forma estable y duradera. Surgen de los hechos de relevancia, no siempre aceptados en un plano biológico.

La facultad del pensamiento suprarracional en el hombre es un tema que a veces, como ya lo hemos comprobado, brota de las profundidades que la mayoría desconocemos.

En todas las épocas de la historia, los seres humanos sensitivos con capacidades diferentes han sido mal interpretados y vistos con cierto temor y desconfianza, con una tendencia casi generalizada de académicos a observarlos bajo la luz de la enfermedad que padecían.

Casi siempre se ha creído que los seres genios estaban en una realidad próxima a la locura, visión esta de los que se consideran de algún modo normales.

Todos los escritos referidos a la actividad paranormal están casi siempre embebidos de preconceptos que tratan de descalificar a las personas que poseen capacidades especiales y diferentes.

Estos hallazgos no tienen una relevancia tangible en la sociedad donde ocurren, aunque podrían tenerla si cambiamos el cristal a través del cual observamos.

Los caminos evolutivos a veces no son muy entendidos y suponen de una forma no explícita que la naturaleza de todo ser tiende a desarrollar la inteligencia y la supervivencia, pero ello no se cumple en la evolución microbiana que daña o en ocasiones ataca a su hospedador llevándolo a la muerte.

Se puede suponer que las capacidades especiales que no pueden suprimirse están destinadas a perfeccionarse. Lo que lleva a aceptar también que las capacidades suprarracionales que hoy se encuentran latentes, y de las que solo se tiene una idea en los estados especiales del ser, en los distintos estados de consciencia; podrían mañana estar coordinadas de una manera estable y eficaz, con las capacidades del yo consciente.

La naturaleza está casi siempre realizando ensayos e investigaciones por caminos sinuosos, pero más tarde o más temprano llega a sus objetivos lejanos de evolución.

Esto da lugar a que de tanto en tanto puedan emerger seres con capacidades cada vez más insólitas, que resuelven problemas planteados a diferentes especialistas, por el solo hecho de poder acceder a determinadas fuentes de conocimientos, que nos están vedados a la gran mayoría actual de los seres humanos.

La coordinación que logran algunas personas, entre el estado de vigilia o de consciencia y el estado del sueño o supraconsciente logra una organización especial de la personalidad que produce parafenómenos increíbles.

Ello ocurre, cuando logra introducir conocimientos profundos o asimilaciones de ellos, que se generan en el estado de sueño y que luego se proyectan al estado de consciencia o de vigilia.

Se ha visto y se ha escrito literatura de muy variada calificación, referida a lo mucho que tienen que ver el estado de trance y los diversos estados de la inconsciencia con el origen de algunos conocimientos inexplicables.

Hay personas que alcanzan la plena cooperación entre los dos estados de una forma casi instantánea y con ello logran generar algunos conocimientos inexplicables.

Otras, en cambio, necesitan un tiempo mínimo para lograr la plenitud del trance y con ello llegar a conjugar los conocimientos especiales.

En rigor de los hechos conocidos de clarividencia, lo que es realmente importante es el fenómeno en sí mismo y no los rituales que preceden y que marcan, la expresión o manifestación exterior del parafenómeno.

Lo que la mente humana puede lograr en sus niveles superiores de rendimiento es increíble, estos hechos se conocen desde los tiempos de las primeras escrituras logradas por las culturas primitivas.

Estas expresiones suceden de tanto en tanto solo en algunos sujetos y están representadas por aquellos de espíritu simple y en los niños, en los cuales la voz del ego es más dócil y menos orgullosa.

Se han conocido casos de personas con capacidad de clarividencia y que también eran mediadores, a los que se les pudo demostrar que tenían algunas enfermedades físicas o neurológicas. No obstante, no es correcto, y no debemos permitir, las generalizaciones.

La historia recuerda a grandes personalidades científicas que hoy reconocemos, que han tenido capacidades especiales y cualidades mediúmnicas de alguna clase, durante una parte o durante toda la vida.

Por error o por ignorancia, a veces la mediumnidad en una persona puede ser encuadrada en un marco de enfermedad o entidad patológica. Todavía hay profesionales que sustentan estas teorías, y algunos hasta han nombrado esos casos especiales como síndromes mediúmnicos, relacionándolos con manifestaciones exteriores, disfunciones y síntomas patológicos.

La profundización sobre sí mismos de los sensitivos

Se ha escrito ya en muchas oportunidades que algunas personas logran un estado especial de la consciencia, en el cual se abren las puertas al universo psíquico y en el que la mente humana puede acceder a libertades muy poco limitadas. Es como si la pérdida momentánea del estado de vigilia posibilitara la situación, puesto que él es quien ciñe el usual compromiso de la mente con las realidades cotidianas.

De esta forma, el sueño, el trance y otros estados especiales cierran temporalmente la foto postal de nuestras realidades comunes, para abrir una postal panorámica inexplicable.

La posibilidad de encontrarse a sí mismos en los fenómenos de autoscopía les corresponde sólo a las personas dotadas de la capacidad de hacer descender el nivel de atención vigilante, y con ello pueden desprenderse del mundo circundante para tomar contacto con el yo profundo.

Los primeros de esta lista son los mediadores, pero también los soñadores, como son los poetas. Es curioso de hecho que nadie objete la especial sensibilidad de los poetas, pero sí hay reservas en cuanto a la capacidad o sensibilidad paranormal de algunas personas.

La autoscopía, que es una de las manifestaciones de las capacidades paranormales de una persona, se puede presentar en mediadores y en poetas, que son los que tienen la posibilidad de contemplarse a sí mismos en una visión autoscópica. En rigor, son los mediadores los intermediarios exclusivos de que disponemos, para entrever tan solo algunos aspectos del universo, que de otro modo no podríamos imaginar o sospechar.

Otro de los parafenómenos, es la anulación momentánea del peso corporal. No es fácil aceptar que algunas personas puedan controlar y anular su peso físico, sobre la base de capacidades latentes en el yo profundo. La levitación es uno de los parafenómenos mejor demostrados y documentados.

Los místicos y los mediadores lo han realizado en todos los tiempos y en múltiples culturas. Como suelen decir algunas de las personas sensitivas cuando se las tilda de poseer aristas patológicas: "El hombre le teme a todo aquello que no conoce".

Algunas personas con capacidad mediadora reciben esos legados de una manera natural y espontánea; otras, en cambio, trabajan años en su cuerpo físico, en su psiquismo y en su espiritualidad; para lograr los estados catalépticos que permiten conectar o integrar el inconsciente con el consciente, ciñéndose a la personalidad universal, y se valen de ella.

Se sirven de ese menú, en lugar de ser las víctimas de ese inconsciente y que los puede llevar en algunos casos, a una verdadera patología neurológica.

Cuanto más conocemos de los hechos inexplicables, más convencidos estamos de que los misterios del cuerpo se confunden con los del espíritu, puesto que está demostrado que ambos forman un todo armonioso, donde cualquier aspecto de uno puede generar consecuencias en el otro.

En la mayoría de ellos, la psiquis o el psiquismo tienen un protagonismo absoluto, dado que puede suspender la validez de leyes fisiológicas o físicas, como las situaciones de incombustibilidad y de levitación.

Hay otras capacidades sorprendentes y extrañas del cuerpo humano, como la de despedir luz, la de crear perfumes extraños o la de modificar la fisiología habitual, alargarse o transfigurarse adquiriendo fisionomías totalmente distintas, vivir sin ninguna nutrición por períodos prolongados de tiempo, o generar un estado de anabiosis aparentando estar sin vida.

Si bien ningún fisiólogo lo refrendaría, son hechos comprobados, en que nuestro yo secreto está en sintonía con una naturaleza más amplia y generosa, que la que podemos conocer si nos quedamos unidos solo al universo físico.

Diferentes estados de consciencia como la meditación, el trance o el éxtasis pueden correlacionarse con particulares formas de sueños.

Son realidades existenciales diferentes y posiblemente fundamentales, puesto que pueden subordinar a sus propias leyes las realidades estándares o cotidianas.

Es casi siempre el psiquismo inconsciente el que se une al consciente con mucha fuerza y lo lleva a una dimensión más extensa y universal, a la que puede acceder por el camino de la aptitud natural o por un aprendizaje logrado con mucho esfuerzo.

En contra de esas realidades diferentes e inexplicables, el hombre de hoy se defiende y trata de vivir con sus visiones simplistas, sin buscar cuáles son las leyes más generales de la actividad espiritual y sus principales manifestaciones.

Tanto las personas sensitivas como las que en apariencia no lo son se preguntan en algún momento de sus vidas de dónde proviene ese yo tan desconocido y que nace de los sueños.

Del sueño mismo emergen los seres protagonistas de diferente morfología, a los cuales más tarde o más temprano debemos enfrentarnos.

Según los especialistas en la interpretación psicoanalítica de los sueños, estos son la satisfacción ficticia de un deseo reprimido.

La clarividencia nos permite el recorrido turístico de la mente, más allá de los límites accesibles a la persona, pero en este enfoque hay algo superior a la proyección mental pura y simple, puesto que en el lugar visitado hay alguien que "cree ver" al sujeto de la proyección en el sitio de la visita.

Según algunos estudiosos del tema, todas las personas pueden creer que han visto algo que en realidad no existe, con tal de que su psiquismo inconsciente quiera que así ocurra, aunque no sea verdad. Existen algunos motivos por los cuales el inconsciente puede prestarse a jugar ese rol.

Uno de ellos puede ser, haber recibido por vía telepática una información que procede de una realidad no accesible a los cinco sentidos. Este toma esa información y elabora según sus propios esquemas, un argumento a la medida de la situación.

El resultado es una secuencia de imágenes que el receptor proyecta en su propio y particular beneficio. Por eso, según algunos autores, un contacto intermental puede ser suficiente para hacer ver un fantasma que no está, debido a que la personalidad del receptor posee todos los recursos necesarios para hacer ver a la mente consciente una figura cualquiera sin la ayuda exterior y física.

Esta es una teoría por demás atractiva, pero hay hechos que no pueden encuadrarse según esta teoría. La soledad y el silencio suelen ser dos buenos adyuvantes para aquellas personas cuyos estados de ánimo se caracterizan por un descenso del nivel de vigilia que logran sólo las personas con ciertas capacidades mediúmnicas, para hacer emerger conocimientos de procedencia paranormal.

Por otro lado, se trata de alguien que está viviendo una experiencia con intensa emotividad, propia de algunos sueños o de los estados de alarma que sacuden y estremecen la profundidad del espíritu. El inconsciente tiene a veces plena libertad para manifestarse en personas que aun sin saberlo poseen dotes mediúmnicas.

Las alucinaciones telepáticas son conocidas desde hace bastante tiempo y fueron estudiadas tanto en las sociedades inglesas para el estudio como también en las norteamericanas de investigaciones psíquicas. También los investigadores de hoy, las estudian.

Cuando los conflictos de diferentes tamaños se transfieren del plano consciente al inconsciente, buscan y logran un desahogo simbólico que generalmente es ficticio y que, tiene grandes posibilidades de ser encontrado en el sueño. Con frecuencia los sonámbulos ejecutan de noche, lo que no han podido concretar en la jornada.

Los seres que conocemos como "dobles de seres vivos" parecen ser, según los estudiosos, una manifestación simbólica de una mente consciente, que ha sido ayudada por la mediumnidad de otra, que ha permitido manifestarse por la vía paranormal.

Otros fenómenos como el de la "clarividencia viajera", se explican en teoría como una excursión psíquica, pero a diferencia del acontecimiento anterior, se realiza por iniciativa del yo secreto, casi sin la participación del consciente y con la alternativa, de que es percibido por alguien más.

La posibilidad de que la mente se dirija hacia un ambiente lejano, con la idea de reconocer un lugar traduciendo en alguien del mismo ambiente una imagen del que está operando en esa actividad, es algo que ha sido experimentado por muchos mediadores.

El solo hecho de pensar en alguien para el caso de un mediador, puede ser suficiente si está en estado pasivo, que un aspecto de la personalidad psíquica se pueda proyectar fuera del cuerpo y alcanzar a ese alguien. A veces, cuando los mediadores se encuentran en ese estado crepuscular de la consciencia pueden ser guiados por medio de sus pensamientos por el inconsciente y alcanzar a esos seres queridos, en forma de mensajes visuales.

Hay investigadores del tema que afirman con respecto a las apariciones que hay que buscar las explicaciones de estos fenómenos en el aparato perceptivo de cada una de las personas y no en el mundo exterior. Pero esta postura no explica los episodios en los cuales los fantasmas no solo aparecen en la escena, sino que realizan alguna tarea, dejando huellas de lo que han hecho. Entendiendo por estos a la persona lejana y representada, que hace mover objetos por ejemplo, en la mencionada escena o lugar.

Algunos estudiosos de estos parafenómenos piensan que la aparición de la imagen y tal vez los ruidos pueden encuadrarse dentro de los hechos conocidos como, alucinaciones de origen telepático.

Otros también piensan que el yo secreto posee la capacidad de mover objetos a la distancia y de extenderse mucho más allá de los límites corpóreos, pudiendo a veces manifestar su presencia en lugares muy lejanos, mediante fenómenos físicos y mecánicos, por cierto solo en personas con capacidad mediúmnica y en especiales estados de consciencia, necesarios y adecuados para hacer prevalecer estas manifestaciones.

En situaciones muy excepcionales y con personas muy especiales, cuando ellos tienen el deseo de estar presentes en algún lugar y situación; este deseo es lo suficientemente fuerte y profundo como para poder transferirse del plano consciente al plano de los sueños, donde opera el yo profundo, y en esas circunstancias pueden ocurrir situaciones de insólitas consecuencias.

En tales situaciones pueden ocurrir simulacros incorpóreos o bilocaciones como es el nombre con que se las conocen, en el cual un fantasma ha sido creado y movido por el intenso deseo de hacer aquello que al cuerpo humano por alguna razón no le es posible realizar.

Todo lo expuesto nos lleva a pensar que es difícil que se entiendan algunos parafenómenos, en el marco referencial de la mentalidad consciente.

Podemos aceptar el concepto de la vida, la inteligencia y la extensión del universo. Lo hacemos porque está frente a nuestros ojos todo el tiempo, pero casi siempre tenemos mucha dificultad para aceptar un misterio no previsto.

Uno de ellos es el de los fantasmas de personas vivas y sobre todo aquellos que no solo se manifiestan con la presencia sino que a veces intervienen, con actos de precisa relevancia física. Son tantos en cantidad, que no pueden ser negados. Se suele decir con frecuencia, y es verdad, que sabemos muy poco de los sueños y qué puede ocurrir en el ser humano cuando sueña.

Lo que podemos recordar, cuando lo podemos hacer, son las secuencias, que son de interés de los niveles superficiales de la consciencia, pero con frecuencia olvidamos los sueños más profundos, protagonismo reservado al yo de los sueños.

En estos viajes mentales con efectos físicos y telecinéticos los estudios realizados nos llevan a pensar que la interferencia consciente es tanto más irrelevante, cuanto más exigida es la acción ejecutada a distancia por el llamado "doble" y que afecta a todos los parafenómenos de una manera muy general. Uno de los acontecimientos paranormales más notable es el de poder escribir una frase a gran distancia del sujeto emisor del mensaje y requiere de un estado de trance profundo del sujeto receptor, situación de la que emerge el mencionado en último término al terminar la actividad, casi siempre sin recordar nada.

Lo realmente relevante es que el sueño como realidad de vivencia puede producir efectos mágicos sobre le existencia real y cotidiana, cumpliendo seguramente algunas leyes de un mundo más amplio que desconocemos y en el que el inconsciente, tiene la capacidad de manejo y el poder de decisión.

Una de ellas, es la posibilidad de crear simulacros de la persona que no son del todo psíquicos, desde el momento en que puede penetrar el espacio y hacerse visible, como afirman algunos investigadores. Esto puede ocurrir y es independiente de la distancia que separa al ser del ser bilocado o en bilocación.

En cuanto a la persona con capacidad mediúmnica, cuanto menor es la interferencia consciente, más importante es el resultado obtenido, y se logra en ciertas situaciones. El estado de trance mejora los resultados buscados, de buena forma.

En la historia escrita de la vida de ciertos mediadores se relata que en reuniones de consultas a ellos, cuando más exigentes eran las preguntas formuladas, más se profundizaba el estado de trance, y en algunas oportunidades, llegaba a la cercanía de un estado de letargia del médium.

Algunas personas pueden producir el desdoblamiento o la bilocación a voluntad, constituyéndose en verdaderos exploradores de la dimensión, que casi todos ignoramos.

Con la separación del yo consciente del cuerpo físico y su paso a la dimensión no conocida del universo, se llega a un plano en que la psiquis parece tomar independencia del cuerpo humano y el espacio no cuenta. Por tanto, los desdoblamientos pueden ser espontáneos en una persona o provocados a voluntad, mediante diferentes técnicas corporales especiales dirigidas a lograrlo, con objetivos bien determinados de antemano que en el viaje se deben lograr. Constituyen verdaderos desafíos para aquellos que niegan la realidad autónoma de la psiquis. Las facultades del yo secreto tienden siempre a adaptarse a las exigencias de creencias y culturas de cada persona y de cada instante.

En el terreno de los parafenómenos, a veces el encuadre teórico de un fenómeno para su estudio no se correlaciona con lo que ocurre en la práctica. No hay forma de separar con claridad algunas categorías de fenómenos de otras muy próximas a la primera elegida.

A veces solo el aspecto visible externo muestra diferencias, junto al estilo del sujeto que la realiza. Quizás a veces se trata del mismo fenómeno en distintos gradientes de intensidad, lo que de alguna forma parece confirmar que, los fenómenos del campo físico y del campo mental son de una misma naturaleza.

Algunas personas pueden realizar la proyección mental simple con la finalidad de reconocer un lugar, un terreno, un objeto; mientras que otras personas realizan el desdoblamiento visible, que como se sabe es la aparición a distancia de un símil de características similares y casi material del cuerpo humano suyo, transfiriendo su propio psiquismo consciente en el simulacro de la experiencia. Sin dudas, se trata de sujetos excepcionales, muy dotados en un marco mediúmnico.

Otros grupos de personas no obsequiadas de tales dotes por la naturaleza tratan de desarrollar tales capacidades por medio de técnicas psicofísicas, en general de origen oriental.

El desdoblamiento, como cualquier otro fenómeno poco frecuente, que no puede ser controlado a voluntad por los investigadores del tema, con frecuencia se observa inmerso en un manto de escepticismo, por parte de los que pretenden pruebas concretas, de los hechos insólitos de la realidad.

Una de las observaciones más importantes de los estudiosos del desdoblamiento es que la mente de la persona que ha logrado la "separación de su cuerpo" vive la experiencia como si estuviera en el estado de sueño, pero a diferencia de este, conserva la autonomía, la reflexión y el espíritu crítico.

Algunos estudiosos, respecto del tema de las personas que logran el desdoblamiento, distinguen la "separación completa" en la que la consciencia sale también del cuerpo, de los casos en que la mente sostenida por la voluntad puede separarse del organismo, pero sin que la persona entre en la inconsciencia.

En los pueblos primitivos de la Antigüedad y también en los actuales, la idea del desdoblamiento con y sin componente exterior visible lleva a la interpretación de que se trata de los "viajes del alma", que mayoritariamente se realizan con fines prácticos y útiles a la vida cotidiana.

Son los sueños los que, según ellos, abren las puertas de la distancia.

Se trata de lograr por esta vía lo que no se puede lograr por los mecanismos utilizados por las personas con capacidades comunes y en un tiempo determinado de esa cultura.

Entre otras necesidades, existe la de llamar o pasarle mensajes a una persona que se encuentra a una distancia lejana, en general son personas con capacidades especiales como los brujos o los chamanes.

Los ejemplos más comunes son: los de llamar a personas que se encuentran muy lejos, descubrir a un ladrón o localizar animales para la caza que permiten la supervivencia, la búsqueda de plantas medicinales. Son prácticas comunes de algunas culturas primitivas.

El punto de reflexión puede ser el siguiente: cuando ciertas creencias están difundidas con iguales características en culturas tan disímiles, sin ningún tipo de contacto entre sí por la distancia geográfica, los fenómenos comentados adquieren una relevancia y un significado que trasciende los aspectos étnicos y de la cultura tradicional, convertidos ahora en el perfil propio de esos pueblos.

El pueblo primitivo sin cuestionamientos asume las características de su pensamiento, como verdaderas leyes de una naturaleza amplia y más completa que ellos aceptan.

Las culturas modernas rara vez aceptan que determinado psiquismo diferente a la esfera consciente pueda dictar las leyes a la naturaleza que conocemos.

Los fenómenos de bilocación o desdoblamiento permiten a determinadas personas la autonomía y la soberanía de la psiquis, que puede en determinadas condiciones extender el yo con todas sus facultades, incluyendo las físicas, a lugares distantes de donde se encuentra el cuerpo de esa persona, generando su propio cuerpo etérico o astral.

La versatilidad del psiquismo inconsciente es tal, que puede crear a veces uno o en otras situaciones, varios simulacros del cuerpo físico de un sujeto, al mismo tiempo. En otras ocasiones, hasta puede dar una vida de instantes a otras formas que no tienen ninguna semejanza con el sujeto físico, que impulsa esas formaciones por medio de sus capacidades especiales.

Frente al desarrollo de ciertos hechos, algunas personas pensamos que existe una memoria universal a la que pueden acceder aquellos con capacidades especiales, como son los mediadores. En esa memoria están los mensajes del pasado, a los que algunos seres muy especiales pueden acceder, y cuando ello ocurre, se produce un encuentro con lo desconocido.

Se sabe que existe un concepto del pasado muy embebido de implicancias psicológicas, que están vinculadas a la reserva cósmica de las memorias individuales. El camino para acceder a esta dimensión del universo que ignoramos y que algunos nombran como la dimensión psíquica se realiza por medio del plano inconsciente.

Algunos investigadores y estudiosos de los parafenómenos piensan que cuando el alma de un ser logra ponerse en contacto con el inconsciente, se encuentra con los habitantes antepasados del país. En ese lugar, las visiones pueden lograr un diálogo abierto y activo con el propio inconsciente, pero eso solo puede ser logrado por los mediadores.

La mente de estos va y viene de aquella dimensión desconocida para muchos, tomando a veces sus contenidos, que en ciertas situaciones se convierten en visibles. A ellos añaden en algunas oportunidades sus propias contribuciones inconscientes de expresión o de interpretación. Por cierto, hay personas que frecuentan como hecho habitual el país de los antepasados.

Hay personas que sueñan de noche que están conversando con sus antepasados, las hay que viven una experiencia en el transcurso del trance y también que viven con los ojos abiertos el mismo tipo de sueño.

También hay personas que se identifican con el desaparecido de tal forma, que se dejan poseer por la situación que evocan, al menos por un breve tiempo.

En algunas situaciones, la experiencia se puede desarrollar en dos tiempos. En la primera instancia, el mediador tiene la impresión subjetiva de visualizar al antepasado; luego, en una segunda, se identifica con el ser antepasado, y con ello, suele sufrir la situación del desaparecido como tributo.

Luego de salir del trance, el sensitivo puede describir los sentimientos, los propósitos y las últimas acciones de la persona que ya no está en el plano existencial.

Los conceptos de algunos parafenómenos fueron cambiando con el tiempo de desarrollo de estos hechos, fueron de hecho evolucionando. Uno de los ejemplos fue la tan comentada relación y el simbolismo por medio del cual el yo secreto expresa sus verdades al yo superficial.

Otro fue la manera más amplia y moderna de considerar algunos sucesos que lindan a veces con la concepción espiritualista de los temas.

A veces aspectos ambiguos y desconcertantes de una situación se ven interpretados desde la óptica de algunas capacidades mediúmnicas como en los casos de la psicometría junto a la clarividencia, que dan su interpretación proponiendo el simple hecho de la coexistencia de "pasado y futuro", en un panorama único donde el tiempo no transcurre.

Los mediadores algunas veces viven con tal intensidad su propio sueño, que lo proyectan al exterior haciéndolo visible, y en muy excepcionales circunstancias hasta llega a ser palpable.

En un grado superlativo del sueño, aparecen ciertos efectos mecánicos o telecinéticos. Es el ser vivo soñando que llega a un objetivo, movilizando de manera inconsciente las fuerzas paranormales de que dispone, logrando los efectos ya descriptos.

Casi toda la problemática de los fantasmas se circunscribe a elegir entre dos hipótesis principales que son: que el fantasma es el fruto del sueño de un ser vivo, o por el contrario, que el fantasma es el fruto del sueño de una persona muerta. La prudencia sugiere, que no se excluya a ninguna de las dos posibilidades.

Para los que admiten alguna relación entre la proyección visible y la personalidad superviviente del muerto, lo aconsejable es lo propuesto por algunos investigadores, y es que el tema puede ser resuelto sobre la base de un enfoque metafísico o religioso.

Lo entendido es que la personalidad humana resulta de un conjunto de capacidades que van desde la consciencia hasta extremos desconocidos y no definidos.

La incertidumbre al respecto de este tema es amplia, y parece demasiada simplificación buscar elementos de la clase antropomórfica para entender el comportamiento de los fantasmas, queriendo entender la naturaleza del yo que sobrevive.

En determinados casos de apariciones, los estudiosos del tema piensan que es un alma que debe resolver algunas situaciones y que no lo puede hacer, ya que no son tan fáciles de lograr y se ve obligada a un estado intermedio entre dos modalidades existenciales, la propia del mundo material y la del plano inmediato y siguiente, de la vida espiritual.

Salvo en casos muy específicos, en su gran mayoría son manifestaciones precarias de un estado transitorio, un cuasi reflejo de nosotros mismos; una pequeña parte de memorias que flotan en el vacío después de la muerte y que en la mayoría de los casos conocidos, se apaga poco a poco y que se parece más al "sueño retrospectivo de un ser vivo".

Considerando ahora otros aspectos, se sabe que los animales son mucho más sensibles a las interferencias entre la dimensión psíquica y la física del universo, quizás porque están más próximos a la naturaleza que nosotros, los seres humanos.

Por motivo similar lo son también los niños, algunos de los cuales tienen la mente más abierta a las percepciones ultrasensibles; pero luego van perdiendo esa capacidad cuando llegan a ser adultos, por el cúmulo de presiones que soportan.

Los niños aceptan fácilmente la presencia de fantasmas, porque ellos poseen la sabiduría que les falta a los adultos, y eso los lleva sin discusión a aceptar ciertos hechos extraordinarios de la naturaleza, dándoles a estos su propia interpretación de niños.

Si se trata por añadidura, de niños con capacidad de mediadores, podrán vivir un universo encantado pleno de fantasías, en el que el pasado puede siempre emerger en el presente, debido al incierto límite para ellos, entre el universo sensible y el otro.

Cada contacto mental con el pasado constituye un fenómeno complejo que tiene como eje dos variables: la tendencia inconsciente de la mente de una persona con capacidad mediúmnica, para orientarse hacia determinadas situaciones del pasado, que se conoce con el nombre de telepatía retrocognitiva, y la intervención creativa del inconsciente que entra en ese proceso con capacidad para interpretar el tema que el pasado le ofrece, para elaborarlo de nuevo con un matiz de variada concesión utilizando los símbolos más apropiados.

De todo ello puede emerger un resultado combinado de realidad y de fantasía. Este puede ser, el origen probable de los fantasmas, evocados por un ser que tiene necesidad desesperada de compañía.

En el caso de esos seres tan especiales que son los mediadores, con la capacidad para mantener un diálogo fluido y abundante con el propio inconsciente, que los estigmatiza y los hace sufrir en los años de su primera infancia, reciben todo un conjunto de presiones muy penosas, que se convierten a veces en acciones persecutorias en contra de sus personas, a causa de sus rarezas.

Tanto es así, que a veces, cuando los intereses de las personas mediadoras se focalizan en una realidad concreta y actual, la mente mediúmnica no es capaz de evocar fantasmas.

En cuanto a la tenue línea que diferencia los casos que son de verdad patológicos y los que no lo son, el encause en algunas ocasiones es rápido y expeditivo.

También es cierto que las incursiones demasiado frecuentes hacia la otra orilla no convienen, y no contribuyen al equilibrio de quien desea permanecer, ceñido al mundo sensible.

Entonces uno se pregunta cuántas fantasías se le permite a una persona antes de considerar que está cursando alguna enfermedad.

Los sueños de las personas con capacidad mediúmnica

Estamos solo en los inicios de conocer todas las fuerzas de la naturaleza y su variado accionar, por lo tanto, nos cuesta entender la existencia de ciertos fenómenos, que no podemos explicar con nuestros conocimientos actuales.

Existen personas con capacidad de mediadores, dotadas de una capacidad mediúmnica excepcional que les permite hacer visibles y palpables sus sueños. Estos pueden evocar sobre la base de recuerdos propios o ajenos, o de contactos clarividentes del pasado. Algunos de estos seres tan especiales pueden proyectar al exterior recuerdos suyos gracias al poder del sueño, dándoles una apariencia de vida.

Ciertas sesiones mediúmnicas poseen un fuerte componente emotivo, que es generado en casi todas las personas presentes en el círculo y que compromete a todos los presentes, que generalmente son seis más la persona mediadora.

Quizás en el origen de fenómenos como el de los círculos de mediación se compromete gran cantidad de energías psíquicas, que sacude a los presentes alrededor de un sentimiento que los solidariza en un momento en la misma vibración emotiva de elevada intensidad, partiendo casi siempre de repetidas invocaciones del ser espiritual que se quiere consultar o con el cual se quiere dialogar, desde el comienzo de la reunión circular.

El hombre de hoy siente en su base un rechazo por todo aquello que no puede ser explicado, según los criterios de la ciencia de la actualidad. Lo conclusivo es que existen fenómenos importantes que no puede explicar, y entonces decide ignorarlos.

En realidad se trata de hechos de gran importancia científica, pero los marcos referenciales de la ciencia no son lo suficientemente amplios como para abarcar toda la realidad universal.

Por tanto, lo que ocurre es que los hechos, aun los que están dentro de lo contemplado por lo científicamente conocido, se producen y multiplican con total indiferencia del saber científico de este tiempo.

Los científicos más sensatos suelen inclinarse ante los aprendizajes y las lecciones que no admiten discusión y que derivan de los hechos presenciados.

En la realidad cotidiana, los hombres de ciencia les dedican una atención a los fenómenos paranormales, que se dejan observar y repetir como experiencias de laboratorio, en especial a los que permiten transformar observaciones cualitativas en cuantitativas, pero pierden interés en cuanto a los parafenómenos que no pueden valorarse en el laboratorio, que no pueden cuantificarse o repetirse a voluntad.

En realidad, estos últimos son los más valiosos desde el punto de vista científico, como el desdoblamiento, la aparición espontánea de fantasmas de consistencia objetiva y la materialización de fantasmas en el curso de una sesión.

Estos fenómenos no controlables e indomables nos obligan a creer en la existencia de un universo más complejo que lo estrictamente fijo, que es el eje único del que habla usualmente la ciencia.

Será difícil lograr entonces que las personas que tengan un pensamiento unido a los conceptos tradicionales puedan aceptar los riesgos que implica abrirse a una concepción más amplia del mundo.

Hay que tener siempre presente que para que el fenómeno mediúmnico se produzca, es imprescindible que ocurran dos situaciones: que el sujeto poseedor de las capacidades mediúmnicas se encuentre cómodo con el ambiente donde se encuentra y en sintonía con los presentes; y además existen parafenómenos que solamente se producen a partir de complejos rituales, que le permiten al mediador un estado especial de la consciencia, en los que los recuerdos relacionados saturan a veces el ambiente.

La mente de un mediador puede en determinadas situaciones funcionar como un proyector de cine con imágenes tridimensionales, que va más allá de ellas, llegando a veces a una consistencia material.

Los acontecimientos paranormales representan un contexto que nos sirve para demostrar la existencia de capacidades humanas y de fuerzas, que pueden dejar sin efecto las leyes más básicas y conocidas de la física y de la biología.

El mismo poder psíquico de una persona mediadora puede dar vitalidad a un "doble", que tiene la capacidad para evocar un drama del pasado histórico de alguien; generando una proyección externa visible, como es el caso de los fantasmas de los difuntos, y también puede crear los simulacros materiales de las visiones evocadas por la mente, de un sujeto inmerso en el trance mediúmnico.

En cuanto a la naturaleza de esas visiones, pueden ser recuerdos propios o ajenos. También algunas huellas de toda la vida de una persona dejada en el pasado, que es la imprenta que no puede destruirse por el paso del tiempo.

Algunas mentes mediúmnicas pueden alcanzar aquello que algunos autores llaman el universo psíquico de las memorias individuales.

El mediador experimentado puede traducir de una manera plástica las creaciones de sus pensamientos, con más frecuencia en estado inconsciente, que en el estado consciente.

En el estado de somnolencia, de catalepsia o de sueño, él es el artífice de esas manifestaciones que, cuando se practican en grupos o círculos toman los contenidos de todos los participantes de la actividad en términos de energías, moderados por el mediador que se fatiga visiblemente al realizar la actividad de sintonización del grupo.

Durante el sueño mediúmnico, la persona mediadora alcanza el máximo poder creativo, con la posibilidad de poder mover al menos de manera parcial la materia protoplásmica de su cuerpo y convertirla, en algunos casos de sensitivos muy especiales, en criaturas ficticias, dotadas de una aparente autonomía.

Algunos investigadores del tema sostienen que el responsable de esos fenómenos es el diencéfalo o cerebro intermedio, que de manera temporal escapa al control de la corteza cerebral y adquiere cierto grado de libertad, manteniendo en funcionamiento solo algunos centros nerviosos, capaces de guiar o intensificar las actividades creativas del mesoencéfalo. Según explican los investigadores, en ciertas condiciones le permitiría a la persona mediadora, poder controlar y utilizar las fuerzas desconocidas que parecen sobreponerse a las fuerzas que conocemos del universo sensible.

Es indudable que la fuerza creativa del psiquismo colectivo es un tema que ha sido motivo de estudio de muchos investigadores, algunos de ellos inclusive han acuñado términos de lenguaje para poder entenderse entre los estudiosos del tema.

Definen por ejemplo el término "ideoplastia", para significar la capacidad inconsciente de una persona mediadora para desarrollar modelos físicos palpables, tangibles, visibles y aparentemente autónomos; de formas concebidas, imaginadas y creadas por el inconsciente en sí mismo. La ideoplastia tiene muchas posibilidades prácticas, producto de muchos informes que son de gran interés.

El poder creativo de una persona mediadora en reunión de círculo toma fuerzas e ideas de todos los presentes en la sesión. El solo hecho de estar en la reunión los compromete y los involucra. Para algunos de ellos, de manera consciente; a otros, en cambio, de manera inconsciente, durante el momento compartido.

En los sueños, al igual que en las sesiones mediúmnicas, puede ocurrir casi todo. Los mediadores de gran experiencia logran a veces materializaciones impensadas.

El estudio y la búsqueda de respuestas, al respecto de la naturaleza intrínseca de estas circunstanciales creaciones del psiquismo inconsciente de la persona mediadora, presentan serios desafíos y complejos problemas.

Algunos estudiosos que son también autores lo presentan como el producto de un desdoblamiento de la personalidad del sujeto que tiene capacidad mediadora y, por tanto, como personalidades secundarias latentes en su ser, extraídas de su consciencia.

Otros estudiosos aportan elementos importantes relativos al trabajo con los círculos de los mediadores. Uno de ellos es el aporte del psiquismo de todos los participantes de la sesión, al punto de ser una creación de carácter colectivo. En segundo término, la autonomía que parecen tener las mencionadas entidades de estas creaciones colectivas.

Una de las cuestiones planteadas que no parece tener explicación es cómo logran estas criaturas del sueño, dependientes según entienden los estudiosos de los esquemas mentales conocidos y de una actividad psíquica ajena a aquellos, conseguir una vida propia y autónoma, en el mismo ámbito del sueño que los ha creado.

Lo expresado por algunos autores es que a la respuesta se la debe buscar pasando del psiquismo individual al psiquismo colectivo, buceando también desde el plano psíquico al psicofísico, puesto que los fantasmas han mostrado tener esa capacidad, al menos de manera transitoria.

Lo dicho tiene apoyo y sustento en algunas teorías esbozadas, según las cuales, en el curso de una sesión mediúmnica se forma una personalidad nueva, que resulta de la fusión de elementos no solo psíquicos sino además físicos, puestos a disposición por los participantes en la reunión de manera inconsciente, a la acción catalizadora del mediador.

A esta nueva personalidad se le agregan, organizadas en una plano superior, las capacidades normales y paranormales alcanzadas por los individuos integrantes del círculo.

La entidad resultante está dotada de una autonomía propia y de una capacidad superior a la que corresponde a cada individuo que la forma.

Según algunos autores, se cumple una ley biológica de carácter general en relación con las capacidades supranormales, demostrado por todo el grupo de sujetos y superando, las capacidades inherentes a cada uno de los que forman el círculo.

Uno de los fenómenos más raros y sorprendentes de la actividad paranormal es la generación de fantasmas a partir de las personas integrantes de una sesión mediúmnica, que es uno de los temas en el cual convergen las incertidumbres y las dudas de muchos investigadores.

Los últimos grandes mediadores que lograban efectos teleplásticos de los que se han tenido noticias veraces ya no están en nuestro mundo físico, pero los fenómenos logrados parecen seguir el perfil de los tiempos en cuanto a creencias, costumbres y esperanzas de mayor o menor inconsciencia, que en nuestra época no parecen lograrse con la frecuencia de otrora; quizás debido en parte al escepticismo que se nos manifiesta, incluso en algunos grupos humanos dedicados al estudio de parafenómenos.

El orden humano de las cosas presenta a veces errores y debilidades, sin embargo, siempre hubo investigadores que han verificado de una manera serena y sin estridencias, interesantes fenómenos de la naturaleza, sin preocuparse demasiado por la razones del prestigio. Ellos abrieron el camino al conocimiento de leyes naturales, hasta ese momento desconocidas y de un alcance inconcebible, en el campo de los parafenómenos.

Siempre ha sido difícil establecer la línea de corte entre la imaginación y lo que se cree que es la realidad. La mente de algunos mediadores puede a veces evocar en determinadas situaciones entidades enigmáticas que se manifiestan de tanto en tanto y que se han definido como custodios vivos de la mente: como las hadas, los gnomos, las sílfides, las ondinas, los elfos o las resplandecientes "devas".

Algunos mediadores a efectos físicos, pueden darle a las etéreas criaturas el grado de materialización para producir una respuesta o impresionar una placa fotográfica.

Estos sutiles cuerpos etéricos, según algunos autores, vivirían en una atmósfera en la que, los pensamientos y los sentimientos son las fuerzas de la verdad.

Cuando se trata del pensamiento de una comunidad, a veces se producen proyecciones colectivas, con fenómenos particulares un tanto especiales que se derivan de ellas.

Cuando se trata de una comunidad que sueña, se generan de tanto en tanto los mitos, las leyendas y las fábulas.

Cuando alguno de esos sueños emerge a nivel individual proveniente de ese pensamiento colectivo, y si el individuo tiene una mente mediúmnica, puede captar esos sueños que son parte de ciertas realidades y que nos marcan un camino hacia el cual puede dirigirse el pensamiento.

Existe un mundo invisible y desconocido, que es el mundo verdadero. El nuestro, es solo una parte, un segmento.

Es en nuestro universo donde viven los sueños, donde se encuentran las criaturas de nuestro pensamiento que poseen una realidad propia y que a veces se cruzan con la realidad cotidiana y común. Cuando eso ocurre, pueden ser detectados por esos observadores especiales que son los clarividentes.

Toda persona sensible o sensitiva, dispone regularmente de dos campos diferentes de visión: el inferior o común, que le permite orientarse de manera cotidiana en su realidad básica, y el campo alucinatorio o espectral, cuyos objetivos obedecen de una manera leal y ceñida férreamente, a las leyes del sueño.

Si bien es cierto que algunos videntes con capaces de pasear durante horas sin fatigarse, con la mente fija en el horizonte de sus visiones interiores, hay una diferencia sustancial entre, el firmamento de los astrónomos y el horizonte de un clarividente.

El primero visualiza los objetos del universo sensible, mientras que el segundo puede disponer de las huellas de situaciones que fueron reales en lo cotidiano, pero también puede disponer de las creaciones psíquicas individuales y de las creaciones psíquicas colectivas.

Por otro lado, la inexistencia, en el plano de la realidad cotidiana, de un parafenómeno no perjudica en lo absoluto la existencia efectiva de un plano distinto de la realidad.

El aspecto notable de los objetos materiales, es que pueden ser la guía hacia las visiones del pasado, pero también pueden llevar de la mano una mente clarividente hacia las criaturas de los sueños.

Cualquiera de los objetos personales o un mechón de cabello, por ejemplo, en manos de una persona mediadora psicómetra en trance, pueden lograr que esta capte una secuencia de fotos que ilustre, el estado del dueño del cabello y lo que se le había prometido como regalo en algún momento de su vida y que, por una enfermedad u otra razón entró en estado de delirio, sea este febril o no.

Algunos mediadores tienen la capacidad de visualizar las imágenes que están pasando en un momento dado en la mente de otra persona, las figuras luminosas de las personas a las que se dirige en un momento dado su pensamiento, así como las de otras personas en las que ha estado pensando en un tiempo anterior al actual, como si fuera una galería de cuadros que el sensitivo puede ver y revisar.

Nos encontramos, como se puede apreciar, en el plano de los contactos intermentales de los sensitivos. Hay un plano en el que la realidad fundamental es la del sueño, una realidad que no es subjetiva, aun si alguien tiene la manera de controlarlo, aún si es una persona sensitiva.

Un tema que está separado de lo mencionado es el de los fantasmas creados por una mente clarividente, capaces de proyectar sus visiones precognitivas en un espejo, en un globo de cristal, en una fuente de agua o en las burbujas de jabón. Es lo que se conoce como las fotografías del pensamiento, que sin dudas es una categoría diferente que merece un tratamiento especial.

En estos casos, se entiende que la creación de estos fantasmas supone previamente que la persona sensitiva tiene las capacidades metagnómicas y las posibilidades de concretar plásticamente las alucinaciones propias que en principio son verdaderas.

Las imágenes de fantasmas generadas en espejos, fuentes de agua y esferas de cristal, con la intervención de un sujeto sensitivo y también de la persona que formula la pregunta, son casi siempre muy semejantes y posibles, si tales fantasmas son puramente alucinatorios, o por el contrario, si estas tienen consistencia objetiva.

En algunas oportunidades, han sido vistos por una persona y en otras situaciones por varias personas al mismo tiempo. En contadas oportunidades esas imágenes han podido ser fotografiadas.

Algunos estudiosos del tema creen que en el cristal vibra algo de la naturaleza etérea, lo que nos lleva a pensar en otra pregunta, que es: ¿los fantasmas pueden ser fotografiados? ¿Las criaturas nacidas del pensamiento logran ser fotografiadas?

Las experiencias psicofotográficas realizadas por algunos investigadores, con la colaboración de sensitivos que tenían efectos teleplásticos, demostraron que por la simple virtud de la concentración mental, lograron generar imágenes pensadas y evocadas por ellos, en placas fotográficas corrientes.

En ocasiones eran imágenes simples, como letras del alfabeto, y en otras, eran entidades psíquicas que solo los clarividentes pueden ver.

La pregunta de cómo es posible que el resultado de un proceso fotoquímico como el de la fotografía pueda ser causado por el pensamiento; el hecho está más allá del mundo físico, y es algo que por ahora no puede responderse conceptualmente.

La oración es sin dudas una de las formas de concentración mental válida, para generar ciertos estados de consciencia que pueden dejar huellas en la psiquis de los clarividentes.

Según algunos mediadores que son videntes, el pensamiento es una fuerza activa producida por la psiquis del hombre, capaz de alcanzar e influenciar a otras mentes, que viajan por el espacio.

El pensamiento se transmite también en el tiempo, y el mensaje vivo del ser que lo ha generado está destinado quizás a durar casi indefinidamente.

El pensamiento puede tener cierto paralelismo con la luz, en el sentido de que puede influenciar en algunos casos las placas fotográficas.

Si bien el mecanismo no parece muy claro por ahora, no debiera estar expuesto a interpretaciones simplistas, que deforman y confunden, respecto a la capacidad de algunos seres humanos, que pueden con sus capacidades impresionar una placa fotográfica.

Lo importante en estos temas de los parafenómenos es poder entender que no se debe presumir de saberlo todo acerca de la naturaleza del ser humano y de las leyes del universo, sino que se debe dejar margen para otras interpretaciones que no conocemos.

Es un hecho discutido por los estudiosos el que sin estímulos para la búsqueda de lo desconocido, el saber académico se transformaría a la brevedad en un museo de certezas que no son tales.

En otro sentido, la historia del pensamiento científico muestra por las claras que la ciencia es un gran taller en el que se construye continuamente, pero al mismo tiempo se desarma todo lo que ha envejecido.

El mérito de construir corresponde por lo general a las mentes rebeldes, que se resisten a aceptar como dogmas intangibles ciertas hipótesis científicas clásicas.

Por cierto, no se encuentran con frecuencia hoy en día esas mentes, porque las rebeliones suelen ser pagadas a precios muy altos.

La relación mágica de los sensitivos con el mundo exterior es casi siempre increíble, y los objetos en algunas oportunidades expresan algo a los que tienen la capacidad de interpretarlos. Como les ocurre a veces a las personas sensitivas, están observando un objeto y se ven obligadas a mirar otro, que le transmite algo.

Son ocasionalmente mensajes de ternura y de elocuencia, pero que proceden de un objeto que obliga a la persona a mirarlo nuevamente. Puede ser también autosugestión, sin dudas.

La sensibilidad mediúmnica tonificada por las prácticas espiritualistas advierte a la persona mediadora de determinadas situaciones y riesgos, de los cuales el sensitivo debe cuidarse.

En determinadas situaciones, en relación con los objetos, la espiritualidad unida a la clarividencia retrospectiva puede a veces producir una sugestión con alucinaciones verídicas que en mayor o menor grado pueden llegar a maravillarnos.

Algunas veces los cuadros en especial y otros objetos parecen ser partícipes de un psiquismo misterioso, como si entraran en el marco referencial humano de forma inesperada, como visibles poseedores de un simbolismo, que referencia ciertas situaciones de la vida cotidiana.

Cuadros que se caen de la pared, al mismo tiempo que la persona cuya imagen ilustran agoniza o muere.

Relojes que se detienen en el momento de la muerte de su dueño, las campanillas y los pianos que suenan solos, banderas que se caen en un momento determinado y que tienen un significado simbólico específico.

Cuando pensamos en hechos como los descriptos, creemos que casi nada ocurre por casualidad, y el pensamiento se afirma aún más cuando los episodios no son aislados sino que ocurren de manera simultánea en similares situaciones.

Los que piensan que son hechos independientes se basan en que todo efecto de naturaleza física debe tener causas de su mismo tipo.

Consecuentemente si no se encuentran causas físicas, un hecho se considera fortuito o mera coincidencia casual.

Los autores de la teoría del sincronismo piensan que existe una ley de orden más general, que vincula los hechos entre sí por algo más que la simple casualidad, aunque *a priori* parezcan independientes un hecho del otro.

Es una especie de clave universal que en manos de las personas que puedan entenderla puede descifrar los secretos de una naturaleza que fue concebida como un todo armonioso de las partes que lo forman. Lo que nos lleva con cierta intuición prudente a dos aspectos de la realidad conectados entre sí: uno, que el azar no existe; y dos, que hay leyes desconocidas que se manifiestan, anulando las más comunes.

En la vida cotidiana de las personas que no tienen capacidades especiales, también se comprueban hechos vinculados de una manera muy especial entre sí, que no encuadran dentro de toda causalidad de orden físico.

Fueron estos hechos de analogía múltiple, observados entre el micro y el macrocosmos, los que unieron a dos estudiosos de muy diferente formación para esbozar la revolucionaria teoría del sincronismo, que de alguna forma y para los muy avezados en estos sucesos del universo, presenta una nueva manera de interpretarlos.

La aparente inexplicabilidad de ciertos fenómenos puede a veces estar vinculada a la restricción del campo de estudio en el que se acostumbra buscar las causas. Pero si se ensancha este y se incluyen en él, las posibles causas psíquicas de sucesos físicos determinantes, lo inexplicable deja de serlo en parte, y se recupera el principio de la causalidad.

Los objetos que se asocian al psiquismo humano cumplen una función, como si los estimulara alguna intención en ese sentido. Los hay como objetos mensajeros, que son aquellos que se anuncian de manera triste, doliente, penosa y lo hacen por medio de símbolos.

Puede ocurrir que tales fenómenos tengan relación con el psiquismo del sujeto moribundo o por el contrario, que tengan una parte importante del psiquismo inconsciente, de aquel que recibe la advertencia.

También cabe la posibilidad de que actúen ambos psiquismos en una colaboración momentánea, como ya se ha descripto en el caso de las apariciones. Que la psiquis de un sujeto pueda mover objetos lejanos puede ser más sorprendente que sus otras posibilidades.

Los objetos inquietos tienen siempre algo que expresar, no por cuenta propia sino como "instrumentos del psiquismo inconsciente de alguien", puede ser del sujeto a quien la manifestación aparece asociada, o de otros sujetos que mantienen alguna relación con él.

Se han conocido y registrado muchos sucesos extraños, atribuibles a la capacidad mediúmnica de alguna persona relacionada con los acontecimientos que se han descripto.

Son hechos realmente extraños e increíbles para un relato simple, pero como se menciona en muchos textos, la naturaleza jamás ha firmado ningún compromiso de producir solo fenómenos creíbles.

Si los fenómenos apuntan al psiquismo individual de los adolescentes, que en general influencian objetos a veces con un tinte burlesco, se puede pensar que el comportamiento anómalo de los objetos se deba a la influencia de un psiquismo adolescente en la búsqueda de un comportamiento más estable y asentado.

Es verdad que los adolescentes se encuentran con frecuencia inmersos en aventuras extrañas en las que los objetos inanimados tienen un rol increíble.

En situaciones especiales, los objetos domésticos por acción del psiquismo adolescente se rebelan a veces de manera simultánea a las leyes de la inercia y de la estabilidad en sus momentos de sueños, que en las personas con capacidad de mediadoras se tornan en verdaderas pesadillas.

Los episodios de estas características se repiten en todas las latitudes, y a veces las soluciones simples y prácticas logran disciplinar a los objetos móviles, que son un producto del accionar del psiquismo individual.

Los estudiosos de nuestros días llaman a estos fenómenos casos de poltergeist y los interpretan como manifestaciones paranormales externas del inconsciente, de conflictos latentes en la personalidad del sujeto mediúmnico.

Se piensa que los fenómenos tienen como mecanismo alimentador la personalidad inmadura y todavía no integrada de los adolescentes, que están pasando por la crisis de la pubertad.

Pero algunos autores dan lugar también a una hipótesis polipsíquica, que emerge y que es observada de manera similar a las que ocurren en las sesiones mediúmnicas.

A veces se mezclan los psiquismos inconscientes con los conscientes, formando entidades nuevas que son capaces de influenciar de manera diversa el ambiente donde tiene lugar la experiencia considerada.

Existen relatos escritos en diferentes revistas relacionadas con el tema, en las que se describen los casos de poltergeist de tiempos pasados a lo largo del siglo XX.

En la mayoría de los casos, está casi siempre el común denominador, representado por el adolescente varón o mujer en período de crisis puberal.

No obstante, se conocen también casos en los que la mediumnidad se despierta en la edad madura, a veces de manera rápida, como consecuencia de enfermedades o de emociones de desgaste.

También en estas situaciones el despertar de las capacidades latentes se manifiesta por los ya mencionados movimientos de desorden y tumultos de objetos inanimados.

Hechos como los descriptos hacen pensar en el destino especial de las personas mediadoras, cuyas increíbles capacidades aún sin ser muy reconocidas, son lo bastante reales como para ocasionarles a ellos daños considerables en algunas circunstancias y que a veces concluyen dichos episodios con el diagnóstico de alguna enfermedad y la mediumnidad de la persona que los protagonizaba.

De los fenómenos paranormales a efectos físicos, el poltergeist es el más frecuente, el más conocido y el que se produce con características análogas, en países técnicamente avanzados o en los países en desarrollo.

Es frecuente encontrar en las crónicas relatos de sucesos de espíritus que trastornan las casas de familia con su accionar, produciendo la movilidad de gran cantidad de objetos inanimados que se mueven por sí solos. Los episodios son de lo más variados e increíbles.

Los fenómenos están casi siempre asociados a la presencia de un adolescente y se acentúan aún más cuando los mencionados jóvenes están durmiendo.

Es posible que se trate de sueños de descontento y de rebelión que pretenden liberar al adolescente, porque representan un desahogo para los instintos agresivos, que se encuentran temporalmente inhibidos o bloqueados en el plano consciente.

En cierto sentido, es lo esperado, ya que la adolescencia es un período de la vida de laboriosa transición hacia un nuevo equilibrio psíquico y somático. También lo es el desarrollo físico retrasado en algunas personas, que es como una adolescencia dolorosamente dilatada, que con sus descompensaciones psíquicas y fisiológicas, favorece las manifestaciones de mediumnidad a efectos físicos, que sabemos son tumultuosas y agresivas.

La pregunta que casi siempre subyace en los casos de poltergeist es "qué se intenta expresar con los tan extravagantes desórdenes, generados por los espíritus involucrados en los hechos".

Para poder entenderlo, es preciso remontarse al camino comunicante entre las presumibles intenciones que a veces se esconden detrás de ciertas situaciones simbólicas, para luego poder descubrir las verdaderas conexiones directas, que ellas tienen en el psiquismo humano.

A veces en las vocaciones de algunas personas con capacidades mediúmnicas a efectos físicos, se encuentran resistencias inconscientes y profundas que se expresan y manifiestan, por medio de la realización de los mencionados desórdenes.

En otras situaciones, a veces puede ocurrir que los hechos descriptos sean el producto de un psiquismo colectivo, que exceda al suceso individual mencionado con anterioridad.

Tal vez sería atinado de tanto en tanto conceder un poco menos de importancia al psiquismo individual y un poco más al psiquismo colectivo.

Quizás los mediadores son elementos humanos catalizadores, que emplean las energías psíquicas latentes en un grupo dándoles una dirección única, que algunos estudiosos han concebido para la formación de la persona con capacidad mediúmnica y que, podrían explicar muchas situaciones, especialmente en el campo de las infestaciones.

De esta forma, se ha presentado el concepto de superentidad en relación con las sesiones mediúmnicas, que como ya se sabe, es una entidad autónoma diferente de cada una de las personalidades que integran el grupo humano, con tendencia a ser estable.

Hay algunos teólogos católicos que reconocen la mediumnidad como una fenomenología que tiene poco de sobrenatural y también que es el eje de toda actividad psíquica y sensorial en el sujeto. Un estado dinámico particular en el que no se excluyen las intervenciones de seres superiores al hombre, que aportan fuerzas naturales desconocidas o conocidas por la ciencia, pero ignoradas por muchas personas.

Estamos, en algunos de estos casos, frente a las hipótesis y las teorías respecto de los residuos psíquicos y de ambientes, que parecen guiar a la mente del médium a tomar contacto con acontecimientos dramáticos del pasado, que se activan por alguna razón hasta manifestar por sí mismos, antiguos conflictos y pasiones olvidadas que ocurrieron en el lugar.

Los relatos de los lugares infestados en otros tiempos fueron numerosos, se daban como ciclos intestatorios que se repetían en el tiempo, en determinados lugares como edificios, sitios o áreas geográficas.

Se trataba de fenómenos extraños y sorprendentes, que los estudiosos concluyeron como producto de fuerzas invisibles, que en algunos casos pueden perseguir y mostrarse despiadados, con personas y determinados lugares y que no siempre son advertidos por las personas comunes.

En algunas situaciones, es necesario decirlo, detrás del evento espectacular y desacostumbrado, pueden esconderse también auténticos dramas personales.

Con la amplitud de pensamiento que nos permita admitir que las entidades responsables de los ciclos de infestación sean filiaciones de cierta autonomía del psiquismo humano individual o colectivo, es preciso reconocer que asumen en algunas oportunidades, ciertas características inquietantes de entidades maléficas.

Frente a las extrañas y desconocidas leyes de la mediumnidad, los objetos inanimados pueden estar asociados al psiquismo humano subconsciente, mediante comportamientos simbólicos encaminados a expresar sus facetas rebeldes, burlescas, o persecutorias, o también objetos que suelen estar junto a ciertas personas, como compañeros de juego.

La mediumnidad física ha contribuido en gran manera al cumplimiento de esa exigencia, con sus creaciones jocosas originadas del estado soñador de un mediador.

Los rasgos de personificación mediúmnica de determinadas entidades son ciertamente insólitos y con gran interés en dar encause a sus capacidades transcendentes.

En otros tiempos, se observaba con frecuencia un verdadero derroche de facultades mentales y de clarividencia, que se ponía en evidencia en los círculos de actividades espiritualistas catalizadas por un médium, al servicio de un juego social establecido por el mencionado círculo.

Las actividades que se muestran aún hoy en un círculo están casi siempre en relación con el perfil de las personas que lo forman.

En ocasiones, las entidades se manifiestan con actividades que además de las mencionadas pueden incorporar otras, como las precognitivas, las telecinéticas, de conocimiento del pensamiento y del dominio sobre la voluntad de los presentes, sin que estos lo adviertan.

Lo que pueden lograr estas entidades, en términos de demostración de su trascendencia, es realmente insólito.

Hubo una época y un tiempo que fueron de las mesas parlantes, pero no debemos confundirnos o distraernos ya que estas entidades rara vez hablan de filosofía tratando de encausar al observador, mostrándole operaciones psicofísicas difíciles de resolver, como si quisieran que se les reconociera la valoración de esa realidad misteriosa y oculta que vive y acciona, detrás de las cosas menos aparentes.

Lo que esas entidades son y su real existencia no puede dejar de creerse, ya que están dotadas de un psiquismo vivo y autónomo, con características propias y sustancialmente diferentes de las que tiene cada una de las personas presentes; pero alimentados por sus propias contribuciones, y que a veces se mantiene igual en su perfil durante todos los años que se manifiesta.

Se puede observar entonces cómo los juegos de una sociedad pueden conducir a ciertas e interesantes cuestiones, con relación a la enigmática naturaleza de estas filiaciones del psiquismo humano individual o colectivo.

Los estudiosos del tema resisten la idea de comprometerse con alguna clase de suposición, en la que el psiquismo humano no solo puede llegar a crear ideas, sino que también puede dar vida a personajes, con tendencia a durar un tiempo.

Hay otros fenómenos mediúmnicos diferentes, pero también relacionados con la manifestación burlesca de la mediumnidad.

Relacionados con estos hechos está la de los objetos, que logran ser animados por el psiquismo inconsciente de los participantes de una sesión mediúmnica; tal es el caso de las mesas que se mueven por sí mismas, muy relatadas en los escritos del siglo XIX.

Mesas que flotaban y se movían por las fuerzas psíquicas del grupo conducidas por un médium, respondiendo a las preguntas de los presentes, no siempre de naturaleza adecuada a la situación.

Las grandes manifestaciones de mediumnidad física tuvieron lugar de una manera inequívoca hasta las primeras décadas del siglo XX y tuvieron representantes de médiums cuyas crónicas han sido leídas por millones de personas.

Luego los avances tecnológicos de esos tiempos hicieron retroceder según algunos estudiosos, la sed de maravillas relacionadas con el espíritu humano, época esta en que esos médiums comenzaron a disminuir su conocido protagonismo.

De cualquier manera, las experiencias más interesantes en el aspecto referido están distanciadas del tiempo actual.

Cuando hablamos de objeto animados que se mueven de una manera en particular, surge casi siempre de inmediato la siguiente pregunta: "cuáles son las fuerzas que logran moverlos", y respondemos que es el psiquismo individual o colectivo, que se extiende hasta ellos y logra moverlos.

Pero siempre es difícil concebir o poder explicar que un hecho físico pueda ser generado a partir de fuerzas psíquicas, aunque sea de manera excepcional e irrelevante desde un marco referencial de la estadística básica, porque contradice varias leyes físicas de las más conocidas por el hombre de nuestros días.

Otro grupo de hechos lo constituyen los objetos que anulan el espacio. Algunos de los grandes científicos renombrados han tenido sus propias experiencias de telekinesis mediúmnicas que a veces han reconocido.

Pero el fenómeno más llamativo e interesante que contradice las leyes físicas conocidas y que también hace pensar en la existencia de dimensiones o propiedades ignoradas de la materia y del espacio es "la aparición o llegada instantánea de un objeto que antes no estaba allí, y que procede de lejos en términos de distancia".

Hay relatos y crónicas también de otros tiempos, que describen en detalle estos sucesos. En ellos está casi siempre el carácter burlesco y recreativo, logrado por tales entidades en las manifestaciones, dedicadas a maravillar a los presentes.

Sin embargo, siempre hay dificultades en la aceptación de los fenómenos paranormales a efectos físicos, de los que hoy poco se habla. La rareza de los fenómenos, ayuda al escepticismo.

Aceptar estos fenómenos inexplicables conlleva la posibilidad de una revisión de los conceptos básicos, conocidos hasta el momento.

También es necesario reconocer que el mediador aplica sus capacidades en un estado de cierta somnolencia, lo que supone una interferencia, aunque sea mínima o nula, del psiquismo consciente.

De igual modo, es verdad que hay varias maneras de soñar, que tienen en común el mismo objetivo, que es la tendencia a realizar un propósito o un deseo.

En el sueño normal, en cambio, la realización permanece en el plano puramente mental y ficticio, mientras que en el sueño mediúmnico, se añade un componente objetivo y extremo que podemos considerar como una realización especial, quizás mágica, de los impulsos que están en la base de la experiencia onírica.

En el final de la consideración están los sonámbulos, que dan curso de forma material, por medio de su propio "deambular", a las "intenciones soñadas" de una situación, lo que ocurre raras veces en condiciones muy particulares.

Para poder diferenciar la actividad mediúmnica de otras que pueden parecerse, debemos tener en cuenta siempre que el estado psicológico en el que procede un verdadero médium es conocido como: de "trance u otros estados de somnolencia", caracterizados por el infaltable descenso del "nivel de vigilancia".

Esto se contradice casi siempre con las exigencias del arte ilusionista, en que se requiere el máximo dominio de uno mismo, como es el caso de los prestidigitadores, magos u otras formas de ilusionismo, que aplican determinadas técnicas para lograr algún objetivo. Los estudiosos de estos temas pueden diferenciar ambas situaciones con toda simplicidad.

Casi siempre el verdadero médium está caracterizado por ser un distinguido profesional, de aspecto tranquilo y tal vez un poco esquivo, de penetrante mirada y modales gentiles y modestos. Pareciera que la mediumnidad es una cualidad que no deja huella en el rostro o en el aspecto general de la persona.

Cuando los mediadores se reúnen en grupos para practicar los círculos de mediumnidad o tan solo para estar juntos en alguna actividad social, cuando los integrantes del grupo creen en lo desconocido y comparten la misma fe, suelen ocurrir en ciertas oportunidades sucesos fabulosos, generados a partir del psiquismo colectivo de los integrantes de ese grupo que viven un mundo propio y distinto, donde la relación mágica con la naturaleza, ha resistido la acción demoledora del paso del tiempo.

Los que creemos en la unidad de los fenómenos paranormales no podemos dejar de reconocer la evidente analogía entre los fenómenos físicos con objetos que anulan la gravedad y las turbulencias mostradas en los hechos de poltergeist.

Tal vez, en la base de los fenómenos esté el psiquismo humano con todas sus capacidades notables de movilizar las energías particulares o de un grupo, que logran mover los objetos inanimados y que expresan las tendencias, los impulsos y los sueños actuales o retrospectivos, logrados inconscientemente por el médium y sus compañeros del grupo.

Tales acontecimientos contradicen de manera evidente las leyes físicas en mayor grado, que se consideran como fijas e inderogables, desde nuestra educación básica.

De tales sucesos no puede darse ninguna explicación en términos racionales, tan solo puede mostrarse el camino que puede conducirnos a una nueva forma de concebir las cosas, de modo que los hechos inexplicables den lugar a otra opción de carácter relativa.

A veces pensamos de manera equivocada en premisas o preconceptos como: a) que las leyes del mundo físico son absolutas, que deben ser válidas en todos los casos y circunstancias, y esto podría no ser exacto; b) que las ciencias investigan la realidad, toda la realidad, y ello podría no ser exacto; c) que existe una sustancial diferencia entre la física y lo psíquico, y puede que tal diferencia no exista.

Si no se tuvieran en cuenta las tres premisas descriptas, muchos de los fenómenos inexplicables nos parecerían normales, y estarían dadas las perspectivas de un nuevo universo muy diferente al convencional, pero más conforme con la realidad y aproximado a una realidad más verdadera.

En la práctica aceptamos que la naturaleza se rige por leyes más amplias que las conocidas y que pertenecen al universo sensible.

También en ese camino, el paso que sigue consiste en darse cuenta de que la realidad investigada por la ciencia es solo un sector de la realidad global, una capa epidérmica que recubre la realidad verdadera.

Incluso podría darse la situación de una realidad dentro de otra, lo cual daría lugar a una inagotable variedad de formas y posibilidades, respetando la unidad orgánica de las que todas derivan.

Observada de esta manera, la distancia existente entre la psiquis y la materia comienza a parecer menor a la imaginada.

La importancia entonces del estudio de los fenómenos paranormales radica en obligarnos por medio de sucesos extraordinarios a veces y también por medio de sucesos triviales, a revisar las premisas erróneas de nuestro saber científico.

El resto puede venir por sí solo en tiempos futuros, cuando los conceptos de psiquis y de materia encuentren una forma definitiva evitando toda confrontación, que nos lleve a la explicación de todos los fenómenos observados.

Los episodios de psicocinesis o de magia consciente sin rituales, como se los conoce, son excepcionales y muy raros, así como frecuentes, en los médiums que lo practican.

A veces estas personas practican sus experimentos aun cuando están realizando otras actividades como hablar, escribir o moverse de lugar.

Esto nos lleva a considerar la unidad fundamental de los fenómenos paranormales. En realidad, y también a los efectos prácticos, no existe una sustancial diferencia entre los experimentos realizados por una persona médium, que en reunión con otras personas y en estado consciente realiza un ejercicio de magia consciente o de psicocinesis.

Esto es lo que ocurre en los juegos recreativos de los círculos mediúmnicos conducidos o catalizados por los mediadores, que generan la aparición de entidades, que realizan actividades y que es la obra del psiquismo inconsciente de carácter colectivo.

Entre ambos casos el mediador tiene acceso a los recursos psíquicos de los integrantes del grupo y dispone de ellos, sobre todo de los recursos psíquicos de las personas, con las que se encuentra en contacto con mayor frecuencia.

Algunos recursos psíquicos de personas especiales animan a determinados objetos y los obligan a una obediencia pasiva. Esta fuerza que otrora conocimos como fuerza mágica ha sido estudiada hoy por métodos modernos de investigación y es conocida con el nombre de "efecto psicocinético" o p.k.

Entre los investigadores del tema, se lo conoce como factor psi, que es uno de los recursos psíquicos quizás más estudiados. Es el de los jugadores profesionales, que se manifiesta bajo el perfil de componentes neurofisiológicos del fenómeno.

Se piensa que estos recursos no dependen tanto de la voluntad consciente de las áreas corticales, que se limitan solo a establecer la finalidad del impulso y a controlar la ejecución del aporte emotivo que está casi siempre ligado tanto al funcionamiento de los centros hipotalámicos como a las facultades creativas del diencéfalo.

En conceptos psicoanalíticos, la voluntad solo es eficiente cuando se vincula con los instintos e impulsos arraigados profundamente en el inconsciente.

Las cosas que nos interesan de verdad pueden movilizar todos los recursos, los conscientes y los inconscientes del yo.

Lo que algunas personas cristalizan es simplemente la seguridad de lograr algo, un optimismo sin par y una ilimitada confianza en sí mismos, con raíces en lo profundo del ser, que pone en movimiento fuerzas misteriosas de cada humano.

A esta irresistible vocación de éxito se la conoce con el nombre de factor psicocinético, que interrumpe de súbito y con poder, en la vida de cuantos alcanzan con rapidez el éxito en las tres direcciones más ambicionadas por el ser humano, como son la política, los negocios y el amor.

Si revisamos con atención y sin demasiados preconceptos, la vida de aquellas personas que han tenido un ascenso rápido y sin pausas en diferentes aspectos, que se convirtieron en personajes que están hoy entre la historia y la leyenda, se ha plegado a sus deseos, no solo por sus excelentes capacidades personales sino también por alguna otra razón profunda y misteriosa que desconocemos.

El campo en el cual es más visible el efecto p.k. es sin dudas el de los juegos.

En cuanto a los poderes soberanos de la mente humana, hay ciertos hechos casuales que a veces no pueden ser explicados, y las opiniones acercadas por los estudiosos son de manera sustancial muy diferentes.

De alguna forma, algunos consideran que es precognición; otros, en cambio, consideran estos hechos como pequeños prodigios logrados por la voluntad colectiva, alineada de una forma unidireccional.

A esta voluntad se la imagina como un deseo potenciado por la profunda confianza en la manifestación futura de un suceso imaginable.

Ciertas experiencias similares, han sido vividas por otras personas con capacidades especiales en otros tiempos, lo que demuestra que casi nunca hay nada demasiado nuevo en este campo de los parafenómenos.

La vida de la humanidad está caracterizada por episodios en flujo permanente de carácter paranormal, cuyos genuinos representantes son casi siempre una minoría.

Esta reducida comitiva de integrantes nos permite pensar en la existencia de reservas latentes o en potenciales capacidades de la naturaleza humana.

Los estudiosos de las facultades de la mente humana han hecho no hace mucho tiempo un aporte relevante en cuanto a que los sujetos psicocinéticos conservan la lucidez en el tiempo de la ejecución de sus actividades, y con ello, estos sujetos se diferencian de la mayor parte de las personas médiums, quienes parecen sufrir, más que dominar, las fuerzas cognoscitivas del psiquismo arcaico.

Algunos de ellos todavía no han podido alcanzar los estados que se necesitan para controlar las facultades latentes del yo secreto, a diferencia del grupo anterior, que sí lo logró.

Por otra parte, en la práctica real, hay grupos de sujetos en los que el descenso del nivel de vigilancia puede pasar desapercibido en sus manifestaciones externas.

Es muy difícil decir dónde termina la capacidad mediúmnica de un sujeto y dónde empieza la capacidad de un sujeto psicocinético, y en algunos casos pueden proyectarse sobre la psiquis de otras personas, pequeñas órdenes para realizar alguna tarea encomendada.

Algunas personas con capacidades especiales, incluyendo la mediúmnica, pueden con precisa convicción utilizar su plano consciente de la psiquis, no solamente para dirigir fenómenos físicos, sino también para influir en el comportamiento ajeno. Eso ha sido comprobado en personalidades conocidas de otrora, pertenecientes al mundo de las artes y al mundo de las ciencias.

De forma que no solo los objetos pueden llegar a ser obedientes, algunas personas también, entrando en un campo de los pensamientos y sus misteriosas fuerzas, que no conocemos, así como tampoco su naturaleza o sus vías de acción.

Algunos autores y estudiosos de los parafenómenos han afirmado con mucha fuerza lo narrado anteriormente, y existen algunas personas que pueden estar de acuerdo o no con estas opiniones, pero rara vez podremos demostrar que carecen de fundamento. Tal vez se puede sugerir, que sería un error suponer que se trataría casi exclusivamente de pensamiento consciente.

La mente consciente suele tener un rol de dirección, pero esta es externa. La tarea más importante la realiza el yo profundo, aquel que en sí mismo reúne las capacidades trascendentes y que a veces de manera excepcional las pone a disposición del yo de superficie.

Este último puede ordenar pero no intervenir, cuando el sujeto psicocinético ejecuta una acción. Expresa mentalmente un deseo o una directriz que en realidad no sabe cómo se traducirá, no es ciertamente su tema.

Esa es la razón por la cual no debe atribuirse a la mente consciente todo el mérito de un suceso, ni tampoco en los casos poco frecuentes en que consigue hacerse obedecer, por medio de sus prolongaciones inconscientes.

Las formas mágicas del pensamiento consciente son formas del psiquismo total, están dirigidas desde arriba y se expresan de una forma muy general por medio de dos fuerzas que son el amor y el odio. Algunas personas pueden transmitirlo a otras personas, aun estando a distancias considerables.

Se han realizado algunas experiencias alentadoras con personas espirituales y también con ratones, puestos a su cuidado luego de un experimento programado.

Los resultados son alentadores, pero se requiere que estas pruebas se continúen en el tiempo, como experiencias longitudinales.

A veces, una fuerza universal se pone al servicio de algunos individuos singulares, y la vida de estos se convierte sin previo aviso en un mecanismo de éxito y de afirmación personal.

Cada época tuvo y tiene sus debilidades, sus momentos de soberbia, los mitos antes los cuales se inclina y las verdades que no pueden ser reconocidas.

Esta es la razón de por qué los poseedores de capacidades psicocinéticas que no son frecuentes se cuidan muy bien de darse a conocer y además nunca agradecen la publicidad referente a estas capacidades.

Pero hay hechos que por cierto deben ser de alguna forma divulgados, aunque es difícil que ocurra cuando se trata de aspectos desacostumbrados de la realidad de nuestro tiempo. La vida misma está impregnada de hechos y de cosas misteriosas, pero la mayor parte de las personas están solo dispuestas a creer en los misterios conocidos y no lo hacen, con aquellos que se manifiestan ocasionalmente o en raras oportunidades.

La disponibilidad para dar testimonio de estos hechos o situaciones posibilita la confrontación con las realidades no previstas.

Ocurre que con frecuencia idolatramos la ciencia y la razón, pero frecuentemente también olvidamos, la existencia de capacidades que están por encima de la razón misma.

En otro plano, y como continuación del tema, estamos acostumbrados a aceptar que las mascotas pueden llegar a ser importantes en la vida de las personas por muchas razones.

Con muy baja frecuencia, esas mascotas se convierten en verdaderos compañeros de viaje. En el viaje de la vida de esas personas en situaciones excepcionales, cuando las mascotas son perros, vemos en sus ojos los reflejos de un mundo secreto y escondido, con el cual ellos nos ponen en comunicación.

Tenemos la tendencia a desconocer algunas capacidades y evaluamos a veces los hechos con las funciones sensoriales humanas.

Con relativa frecuencia cometemos el error de enfocar con pensamientos humanos y con palabras determinados ámbitos misteriosos, evaluándolos con nociones humanas, ignorando que no se aplican a lo que no es material o físico.

Son muchos los fenómenos descriptos en el ámbito animal que resultan fenómenos misteriosos, que la ciencia rara vez puede explicar y que las explicaciones aportadas no llegan a persuadir. Lo que se necesitan a veces son nuevas hipótesis así como, explicaciones simples.

Es difícil apartarse de los caminos habituales y de los razonamientos, así como de las exigencias de la psicología consciente.

Hay aspectos del psiquismo humano subconsciente, que resultan imposibles de medir a nuestro raciocinio común. El psiquismo animal tiene lugar a partir del desarrollo esencial a nivel subconsciente y puede asir sus recursos de ese universo secreto y desconocido del cual sabemos tan poco.

Se puede entonces entrever la existencia de un mecanismo que pone en comunicación a los seres vivientes, que es poco conocido, y se pueden considerar además otras posibilidades diferentes a los mecanismos psicofisiológicos y sensoriales, que captan las fuerzas de las insondables profundidades del ser humano. Lo que se estudia todavía es si este mecanismo también actúa a nivel animal y cuáles son las posibilidades y sus límites.

Si podemos aceptar este marco referencial de ideas superando las dificultades de las explicaciones racionales, algunos fenómenos no nos parecerán demasiados asombrosos.

Hechos ya narrados y escritos por minuciosos investigadores demuestran que en ciertos casos relatados algunos mecanismos de comunicación entre personas y sus mascotas no solo son posibles, sino que han producido y producen todavía hechos increíbles y misteriosos.

El gran interrogante suele ser cómo se arreglan las mascotas para comunicarse con sus amos, y en algunos casos la comunicación es excepcional.

El tema de la orientación espacial de los animales, que comprende a géneros y especies muy diversas, tienta a muchos investigadores a tratar de explicar tales fenómenos en términos de la fisiología normal o de la física, pero todavía sin respuestas a las muchas numerosas preguntas existentes del mencionado tema.

Algunos autores hablan del telepsiquismo, como de una infinita e inmaterial extensión orgánica e individual de los animales, para lograr una especial comunicación.

En cuanto a los pájaros y los fenómenos de migración de algunas especies, la información se cree que pasaría de un inconsciente animal a otro o del ambiente al inconsciente individual, afectando a la totalidad de los animales interesados en situaciones de carácter biológico.

A nivel inconsciente, no hay obstáculos para la reciprocidad de conocimientos, con lo que es posible que todo organismo animal se convierta en un libro abierto, para otros organismos animales.

Algunos hechos entre animales presuponen un intercambio de informaciones a nivel subconsciente entre ellos y las personas según las hipótesis de algunos estudiosos.

Es uno de los tantos acontecimientos que abren una cuña en los comportamientos y las leyes de la psiquis consciente. Se trata de leyes que el universo físico, no puede explicar.

La idea de que algunos animales pueden presentir de alguna forma la proximidad de sucesos futuros es poco aceptable para el sentido común, pero se ve mejor si se admite la intervención de esas fuerzas reales aún desconocidas.

La evolución de los seres vivientes no se detiene, y nos lleva a revalorizar la enorme extensión de la psique inconsciente, respecto del intelecto consciente, que es un logro de la evolución, pero que no se podría lograr, sin el soporte invisible que lo alimenta sin cesar.

Desafortunadamente, el hombre moderno ha olvidado en muchos casos disponer de una mente autónoma y consciente, capaz de sustraerse de un enorme flujo de información de diferentes categorías, que lo cubre y a veces lo embriaga bajo el lema de nuestros días, de tener responsabilidad con rótulo propio. Esto lo lleva a veces, a cometer errores que pueden ser muy serios.

Nunca será suficiente la insistencia que hacen los que estudian el tema, respecto a la amplitud y la vastedad de los poderes del inconsciente, así como de la estrechez y las limitaciones de nuestros conocimientos.

La evolución de los seres vivientes no se detendrá, lo decimos nuevamente, lo que nos debiera conducir a valorar con interés y suma inteligencia la extensión de la psique inconsciente, con relación al intelecto consciente; que es en sí misma una gran conquista de la evolución y que se apoya de manera inexorable en su soporte invisible, del que se nutre de manera casi constante.

El hombre de hoy ha olvidado muchas experiencias que tenía, de su mejor relación con la naturaleza y el mundo espiritual. El hecho de tener cierta autonomía y una mente consciente posibilita hoy que a veces, lo aparten de los llamados de la mente inconsciente y que con frecuencia lo conduzcan de tanto en tanto a errores fatales.

En ese momento vemos entonces lo importante que resulta no olvidar nuestras raíces espirituales. Esto podría ser dicho también de otra forma, lo importante es no olvidar los poderes del inconsciente, que son enormes, y que nuestros conocimientos no se acercan en tamaño a ellos.

Esto nos debe llevar a entender que la pérdida del instinto humano es grave, porque la inteligencia no parece comprender la vida.

Nadie puede prever, los caminos que tomará le evolución del ser humano. La personalidad consciente ha logrado expandirse, así como el orgullo del ser, que no admite por el momento retrocesos a posturas anteriores.

Seguirá por tanto perfeccionándose y dejando hoy, un solo camino visible en la evolución del hombre: el de lograr una armónica relación entre, el consciente y el inconsciente humano.

La opinión de los más respetados estudiosos del tema es que el estudio de los fenómenos paranormales tienen muy amplias posibilidades, obligando a otras ciencias a desplazar sus propios horizontes. También a remozar con nuevas ideas la anciana relación del hombre con la naturaleza, sin que este pierda la fe en sí mismo, y ayudando a resolver sus problemas mayoritarios.

Por lo pronto el estudio de estos temas, ya instalados en cátedras universitarias de muchos países, es todo un logro. Por otro lado, la renuncia al estudio de los parafenómenos conlleva el riesgo de que algunas personas no autorizadas, sin las genuinas capacidades especiales, ocupen un lugar no merecido.

Las observaciones de los fenómenos no explicables, que son genuinos

Todos los seres vivos somos fuente de energía, recipientes que albergan la energía más pura y poderosa. Todas las actividades que realiza el ser humano crean flujos de energía: cuando caminamos, cuando hablamos, con el movimiento más mínimo, nuestra energía influye en todo lo que ella toca, nos acompaña todo el tiempo, seamos o no consciente de ello.

Nuestra energía se plasma en todo lo que hacemos, decimos o pensamos, y fluye además hacia todo lo que tenemos cerca y le deja su impronta, les deja una marca.

El hombre primitivo dependía de todos sus sentidos, su vida misma dependía de ellos y estaba en una verdadera armonía consigo mismo, con su espíritu y con los espíritus de quienes lo rodeaban, los seres del mundo físico y también los del mundo espiritual.

Algunos de sus sentidos siempre les comunicaban lo que quería saber y lo lograba, porque su vida no tenía las distracciones materiales propias de las tecnologías de nuestro tiempo. De alguna forma, él era consciente de su frágil y vulnerable condición humana y en consecuencia, de su forma elegida de vivir y de actuar en sociedad.

El hombre moderno, al haber vivido tanto tiempo en un mundo asistido por la ciencia y la tecnología, ha creado la impresión de que su relación con la naturaleza es ahora secundaria y también que la tecnología aporta la respuesta a todas sus necesidades. Con ello olvidó que los sentidos y los instintos son las herramientas verdaderamente necesarias para sobrevivir.

Algunas personas creen saber lo que representa el alma, el espíritu, el yo, el subconsciente y el cuerpo, con sus complejas y amplias manifestaciones. En realidad, sabemos muy poco al respecto y acerca de ciertos hechos inexplicables o paranormales. Algunos de ellos como: la telepatía, la precognición y ciertos sueños de naturaleza un tanto diferente son experiencias subjetivas.

Otros lo son de naturaleza objetiva y pueden ser percibidos por todas las personas con los sentidos normales: como las situaciones de objetos que se movilizan, las levitaciones, las materializaciones, que ocurren por la influencia de la mente sobre la materia u otra fuerza que desconocemos.

Existe una cantidad enorme de bibliografía que nos ha relatado en todos los tiempos precogniciones, sueños, fenómenos telepáticos, bilocaciones, experiencias de desdoblamientos que se conocen, y muchos de ellos son hechos históricos.

No obstante, en la Antigüedad, los episodios como los mencionados se registraban sin investigar las causas que verdaderamente los producían.

En nuestros días algunos investigadores tratan de aplicar los métodos científicos a casi todos los acontecimientos, para tratar de entender y analizar a todos los hechos paranormales.

Existen sucesos que ya hace muchos años se estudian por medios no sensoriales, en diferentes universidades del mundo.

Algunos de ellos son: la telepatía, la precognición, las fuerzas psicocinéticas, las levitaciones, las bilocaciones, en los cursos regulares de parapsicología de diferentes facultades del mundo.

El término "telepatía" se acuñó por primera vez en el año 1883, y su significado no era el actual: "percepción y conocimiento a distancia, del pensamiento de otra persona". Fluye desde la mente emisora hacia otra mente humana receptora, sin vínculo sensorial que sea hoy conocido.

La telepatía es una de las primeras facultades psíquicas, que ha sido estudiada por la metodología científica en diferentes universidades, institutos y centros parapsicológicos, a pesar de ser la capacidad psíquica más antigua conocida por el hombre.

El proceso telepático se divide en dos etapas: en su fase inicial, la impresión telepática es recibida a nivel inconsciente por la mente del receptor, y en la segunda, se manifiesta de alguna manera en su consciente, tomando formas diferentes.

A veces la impresión telepática emerge como un sueño o como imágenes mentales visuales o auditivas, estando la persona despierta. En otras situaciones, emerge como presentimiento.

El mejor momento para una recepción telepática es el estado de seminconsciencia que precede al momento del despertar, o cuando estamos a punto de dormirnos, con la pérdida o disminución de la consciencia como en el sueño, en la hipnosis o en el trance, que conducen a los estratos más profundos del subconsciente.

Es la personalidad o la unión de personalidades, lo que cuenta en el proceso telepático. La distancia que separa al emisor del receptor no influye en el proceso, tampoco la edad de los sujetos, ni la cultura o la inteligencia, sólo el sujeto dotado de esta capacidad.

La telepatía es casi siempre transmisión de impresiones, de pensamientos o de ideas de cualquier clase de un cerebro a otro, sin la intervención de toda vía sensorial conocida.

Algunos investigadores definen la telepatía como un fenómeno de resonancia psíquica, que se expresa por medio de nuestras ideas, pensamientos, temores, alegrías y sueños, que son captados por personas afines, proceso que tiene lugar de un cerebro a otro.

Los casos reales de telepatía dejan a veces sin considerar las alucinaciones. Se puede alucinar en la vida cotidiana y en perfecto estado de salud.

Existe a veces una relación, entre los fenómenos telepáticos y las alucinaciones. En algunas situaciones, las alucinaciones afectan los sentidos y no se distinguen de una percepción. La influencia de la mente sobre la materia es a veces importante.

Es conocida la creencia lama tibetana según la cual el sentido telepático se le atribuye a la glándula pineal, a la que tratan se hacer vibrar. Según los estudiosos, esta glándula tiene tres zonas de vibración, que se corresponden con el mundo físico, el etéreo y el mental.

Algunos fisiólogos piensan que en la actualidad este órgano está sin funciones aparentes, pero creen que estuvo desarrollado y con funciones, en el hombre primitivo. Hoy solo se le atribuyen funciones a este órgano en las personas con capacidades psíquicas diferentes.

El origen del pensamiento es todavía un misterio por resolver, pero en el ser humano es posible la actividad mental, cuando las glándulas pineal, hipófisis y tiroides, mediante sus respectivas actividades, lo hacen viable.

La telepatía significa la percepción a la distancia del pensamiento de otra persona, o sea que es la transmisión de impresiones de cualquier género entre un cerebro y otro, con total independencia de toda vía sensorial reconocida, como ya se ha dicho.

La telepatía procede sobre el estado consciente del ser humano, así como sobre el estado inconsciente de este. La telepatía sobre el inconsciente excitado es más frecuente en cuanto a su ocurrencia, que la transmisión del pensamiento consciente.

Es aceptado por los estudiosos del tema que el mecanismo sobre el inconsciente se aplicaría de la siguiente forma: el consciente de la persona que actúa como agente activo excita una idea o contenido psíquico del propio inconsciente. El inconsciente de otra persona, en este caso del perceptor, capta esta idea que puede ser transmitida.

En términos aceptados, la telepatía sobre el inconsciente excitado, parece más fácil y frecuente, que la captación o transmisión del pensamiento consciente.

De hecho lo observado y comprobado por algunos estudiosos de fenómenos extrasensoriales es que las ideas reveladas con más frecuencia por los mediadores o médiums son las que están en estado latente, en el espíritu de las personas que asisten a una sesión de mediumnidad.

Es común que algunas personas luego de consultar a un médium se sorprendan de que el ser hiperestésico consultado no haya opinado sobre la consulta realizada y en cambio sí haya revelado hechos relacionados con el tema consultado, hechos en que el consultante ni había siquiera pensado.

La consulta genera asociación de ideas en el consultante, a veces de forma inconsciente, activando las vivencias latentes en letargo u olvidadas, pero conservadas en el inconsciente del mismo, y estas son las que el médium revela.

A veces la telepatía sobre el inconsciente aparece como un mecanismo que involucra a tres personas que interactúan. Nuestros pensamientos no solo pueden ser descubiertos directamente por nosotros, sino captados además en el inconsciente de otra persona como familiares o parenterales. Incluso aunque este familiar, nunca haya conocido de manera consciente esos mismos pensamientos nuestros, sino solamente de manera inconsciente.

En otras palabras, el receptor capta en nuestro inconsciente ideas que nosotros captamos inconscientemente en otras personas.

Son los casos en que los pensamientos retenidos en el inconsciente de una persona, no dotada en mediumnidad no pueden ser pasados al consciente de esta.

Por el contrario, una persona dotada de capacidades especiales, o el caso específico de un ser hipersensible, pueden leer en el inconsciente de la persona antes mencionada y remitirlo

233

a su consciente e interpretar el mensaje, dándole curso a esa información en beneficio de alguien interesado.

En las personas que tienen capacidades especiales en el campo de lo no sensorial y que se conocen con el nombre de sensitivos o metagnomas, como son los médiums, es muy frecuente la capacidad telepática, y se puede relacionar en estos casos la situación de tres personas al hecho.

Es también frecuente que las personas que hayan experimentado con sujetos clarividentes reconozcan que muchos de estos pueden entrar con extrema facilidad en relación psíquica con personas a veces distantes, sobre todo si estas son conocidas por el experimentador.

Muchos médiums, luego de experimentar diferentes secuencias de experiencias en su existencia, pueden llegar a un equilibrio psíquico viviendo situaciones de notable clarividencia.

Si logran la mencionada situación, es algo bueno para ellos, que les dará tranquilidad, ya que la gran preocupación de la mayoría de los mediadores es que en el desarrollo de sus capacidades a lo largo de su vida puedan perder ese equilibrio y lleguen a ser hospitalizados por eso.

La precognición es una capacidad paranormal que le permite al ser humano un conocimiento del futuro o bien hechos que ocurrieron en el pasado, en un tiempo que no tiene límites.

La mayoría de los casos de precognición ocurren en personas sensitivas que captan mensajes de procedencia desconocida y que son de dos diversos orígenes: los espontáneos, sin ninguna clase de control, y los que no lo son, realizados como parte de las experiencias realizadas en los laboratorios de estudio.

La precognición se define como el conocimiento directo del futuro. La precognición espontánea es aquella que ocurre fuera de todo ámbito de estudio programado, destinado a probar su existencia como investigación específica.

La precognición espontánea se vislumbra como la de mayor frecuencia, y la impresión que nos causa es la de surgir sin aviso previo, de improviso, y no es por cierto el hombre el que la busca. Es ella misma la que va en la búsqueda del hombre para movilizarlo y despertarlo.

Es verdad también que las precogniciones espontáneas ocurren en situaciones muy especiales, como en el sueño fisiológico o en situaciones de delirio, causados por alta fiebre u otras situaciones anómalas.

Evaluando situaciones de precogniciones espontáneas, surge como hallazgo que ocurren con mayor frecuencia en situaciones vivenciales de grandes emociones, a veces muy traumáticas como muertes de personas, accidentes, terremotos, hechos que por su impacto social y por no ser predecibles, generan gran conmoción en las personas.

No obstante, a veces se convierten en realidad, y en otras oportunidades, no lo hacen.

Una costumbre muy saludable para las personas sensitivas o metagnomas es la de anotar con minuciosa descripción los sueños precognitivos, para luego poder comprobarlos, cuando es posible hacerlo.

En general se acepta que para que sean considerados reales hechos de precognición, deben ser evaluados por especialistas, y con ello se evita que sean confundidos con otras situaciones.

Las precogniciones, constituyen los hechos más notables de toda la ciencia. Casi todos los seres humanos se preguntan por lo que ocurrirá, con el devenir de su futuro.

A veces los pequeños hechos en la vida del ser humano producen una influencia increíble, algunos de ellos pueden cambiar el destino de la persona de referencia, de su entorno, de una región o tal vez, también en algunos casos, del mundo mismo.

La precognición es quizás, una de las situaciones más impresionantes de los sucesos paranormales. Como algunos estudiosos la definen, la precognición consiste en un grupo de conocimientos del devenir del futuro, que provienen de otras vías de información, que no son las sensoriales comunes.

Pueden producirse por intuiciones, que no dependen de la perspicacia humana y en las que no interviene el razonamiento ni la lógica, tampoco ningún indicio revelador de hechos de referencia.

En los estados de mayor inconsciencia, los fenómenos de precognición son más fuertes y aportan también detalles más importantes. No obstante, también pueden ocurrir en el estado consciente de la persona, pero son los menos frecuentes.

A veces los casos de precognición, pueden confundirse con otras situaciones o casos de hiperestesia así como de exaltación de la sensación. En ocasiones los estímulos son muy pequeños, de tal forma que el consciente no puede reaccionar, y la percepción hiperestésica es captada por el inconsciente.

Algunas personas hiperestésicas pueden captar casi todas las sensaciones, a veces son tan pequeñas, que el consciente no las percibe en situaciones habituales y regulares. Ese es el punto donde puede confundirse una hiperestesia con una situación o hecho de precognición.

La hiperestesia ya se conocía en la Antigüedad, ya que nuestro cuerpo recibe casi todo el tiempo y en todo momento impresiones de diversas categorías.

Algunas de ellas se detienen en el cuerpo mismo, otras pasan por el cuerpo físico y llegan al espíritu, y también existen algunas que atraviesan el cuerpo y el espíritu produciendo en ambos una vibración, que recibe cada cual de una manera específica.

Algunos estudiosos hablan también de una retrocognición, considerándola como todo el conocimiento actual, de un acontecimiento descripto con anterioridad.

Es casi siempre difícil de evaluar si el proceder de una persona se debe a una retrocognición o al recuerdo tal vez inconsciente de un suceso pronosticado a futuro.

La precognición puede ocurrir en todas las personas, pero es una capacidad especial que ocurre muy raramente y es de muy baja frecuencia en los seres humanos.

Las capacidades que se conocen con el nombre de psicoquinéticas son aquellos legados paranormales que algunos investigadores llegaron a denominar percepciones extrasensoriales o psicoquinesia.

Hoy se aceptan estos sucesos a condición de que las vivencias conlleven algún mensaje que concuerde con la realidad y también cuenten con el hecho de que la noticia se obtuvo sin la intervención de los sentidos o por procesos mentales de memoria, raciocinio, inferencias o conjeturas.

Hay muchas capacidades humanas de nuestro mundo y del universo, que desconocemos. De igual modo, las causas y sus leyes que todavía no llegamos a comprender.

Muy lentamente el hombre moderno va adquiriendo consciencia de las fuerzas irracionales que lo acompañan y lo condicionan, que son de procedencia universal. Es posible que los acepte o no.

Todo pensamiento o idea puede convertirse en una realidad, cuando se utiliza con fuerza nuestra energía mental, que llegada la situación, puede transformarse algo tangible.

Como ya se han descripto, entre las capacidades del ser humano que no pueden ser explicadas por medio del funcionamiento de los sentidos, se encuentran las conocidas y estudiadas por muchos investigadores, que son la capacidad psi-gamma para la percepción extrasensorial y la psi-kappa para la psicoquinesis. Aceptada esta última, como la posibilidad de influenciar desde el espíritu un sistema físico en movimiento.

La primera de ellas, la capacidad psi-gamma, es una capacidad extrasensorial y espiritual, sin relación alguna con las que pueden proveer los sentidos. La poseen solo algunas personas que son excepcionales.

Los casos conocidos son los estudiados y a veces han sido publicados por las sociedades de estudios psíquicos. Hay dos grupos: los casos espontáneos y los casos de experimentación en los laboratorios.

Muchos de los casos revisados dan cuenta de que se trataba de experiencias espontáneas en pacientes con diagnóstico de histeria y que de repente en un estado de delirio relataban un hecho determinado.

La capacidad psi-gamma se puede relacionar a veces con la psicometría, que es la capacidad de descifrar características, perfiles y situaciones de una persona, tomando en la mano los objetos que ella ha tenido en su poder durante un tiempo.

Las capacidades psigámmicas o de percepción extrasensorial son independientes de la distancia, es decir que la proximidad o lejanía no influye en los resultados de una prueba de laboratorio o espontánea.

Lo que sí se ha observado es que puede haber alguna influencia en cuanto a las circunstancias y los seres que rodean a la persona que realiza la prueba de laboratorio o en los episodios observados, que ocurrieron como espontáneos.

En cuanto al tiempo en que estos hechos ocurren o son generados, pueden ser considerados como simultáneos, cuando el fenómeno extrasensorial y el conocimiento de algo relacionado con el objeto ocurren en el mismo momento. Son casi la mayoría de los casos.

En cuanto a la capacidad psi-kappa de influenciar a un sistema físico en movimiento, se pensó en su momento que si podía obtenerse información por medio de las vías no sensoriales, tal vez podría lograrse una acción sobre los sistemas físicos, sin pasar por los músculos.

Los experimentos realizados de psicoquinesia parecen más sensibles a las deficiencias en la motivación de la persona que realiza la experiencia o también, a condiciones psicológicas desfavorables. A veces desaparecen los éxitos, en presencia de participantes con inusual hostilidad o con sentimientos de dudas.

Las leyes que regulan todas las experiencias mencionadas son por ahora desconocidas, tal vez el estudio de dichas capacidades nos ayuden a entender la evolución de nuestro ser.

En ciertos entornos suele decirse con frecuencia: "el que sabe es el que mayoritariamente guarda silencio". Un mediador o médium es en primera instancia un instrumento de la comunicación espiritual.

Los hay de diferentes perfiles, características, y con cierta frecuencia, los genios en las ciencias y los artistas de gran envergadura han sido y son mediadores.

Ellos en su estado de semivigilia o de trance, como se dice comúnmente, se desdoblan con facilidad y adquieren una especie de sueño, y en el despertar no recuerdan nada, solo sonríen como si el tiempo en el que estuvieron en trance, nunca hubiera existido.

Personalmente creo, que un médium debe ser de una honestidad a pruebas, pero además necesita de la constante oración, del amor y de alguien cerca de su persona en el mundo físico al que le tenga mucha confianza, como una fuente de referencia estable.

Cuando un médium de incorporación llega a su trance, se desdobla, y en ese momento, su espíritu sale del cuerpo físico, y otro ocupa su lugar y habla por su boca.

Para que esa situación ocurra y esa fusión tenga lugar, se necesita de la oración del grupo de apoyo o círculo, o también el sensitivo mismo puede lograrlo por su propio esfuerzo de elevación, de su pureza, de su desinterés en lo material, y de su genuino deseo de ayudar o aliviar a alguien.

Un mensaje espiritual dado por un médium debe darse siempre gratuitamente. Las grandes tentaciones por las cuales muchos médiums pierden sus capacidades son la necesidad del poder y la apetencia por el dinero.

La mediumnidad no bien asumida puede ser causa de serios peligros. Se requiere de un equilibrio armónico, para poder llevar estas capacidades y mantenerlas en el tiempo.

Lo observado en los médiums es que sus actividades varían en intensidad, y se intercalan períodos de trabajo intenso con otros tiempos en los que se los ve como en sueños, fuera de la realidad cotidiana.

El fenómeno del trance no puede producirse a voluntad y es la razón por la cual no pueden estudiarse de manera programada.

Ellos mismos, para poder lograr el puente de acceso, necesitan de la contención de un grupo y de la oración, que abre las puertas a la llegada de los mensajes del universo.

Los grupos de oración para los médiums son la protección que necesitan, al igual que un templo lo es para un religioso, o un monasterio para un hombre santo.

Los sensitivos están siempre expuestos a la hiperreacción frente a las situaciones que les desagradan: como las injusticias a casi todas las fragilidades humanas, a la maldad y la envidia.

Si no aprenden en su vida a contener y frenar esas clases de energías, que los afectan de manera importante, pueden enfermar al igual que cualquier persona.

Las enfermedades y los enfermos son un gran capítulo importante en este tiempo y también en los anteriores. Habiendo revisado la historia de vida de algunas personas, los estudiosos piensan que algunas enfermedades son el resultado de una disfunción, de una desarmonía o de un desequilibrio. También que casi todas ellas nacen en el cuerpo etéreo o astral, mientras que otras lo hacen en el alma o cuerpo espiritual.

Nuestro cuerpo físico, es el soporte móvil sobre el cual ellas se apoyan, se instalan y acompañan al cuerpo etéreo y el alma. Cuando las energías interactuantes no están en armonía, comienza a emerger una enfermedad.

Hay personas que tienen la capacidad de canalizar fuentes de energía y que pueden también separar de la persona enferma aquellos fenómenos energéticos adversos que se producen en ellas, pudiendo de esa forma restablecer las corrientes de energías armónicas del ser humano, que a veces se interrumpen produciendo en ellos un proceso de enfermedad.

A estas personas se las conoce con el nombre de magnetizadoras, y su capacidad puede ser usada en beneficio de otras personas que están cursando un desequilibrio.

Casi todos los seres humanos tienen magnetismo en pequeñas muestras, el ejemplo más conocido y frecuente es el de una madre que trata de calmar el dolor de su hijo, tocando con sus manos al niño.

En determinadas situaciones y condiciones, un tratamiento médico complementado con sesiones de magnetismo puede ser beneficioso para el enfermo y lo ayuda en la acción terapéutica, logrando a veces mejorar la terapia cuando los tratamientos convencionales instalados producen resultados de una evolución muy lenta, o no se vislumbran progresos en los tiempos que se necesitan.

Los investigadores del tema definen el magnetismo de las personas, como una capacidad energética del ser humano, que puede estimular sus defensas, que puede también estimular algunas funciones orgánicas, y que puede acelerar procesos biológicos.

Es como si la partitura musical del ser humano enfermo, que en un momento determinado está en disonancia entrara de pronto en la tonalidad adecuada, comenzando a sonar bien.

Las religiones agregan que el mismo magnetismo, unido a la fuerza de la oración y del pensamiento positivo practicado en grupos, convierte al esfuerzo colectivo en una fuerza de curación espiritual.

Los golpes energéticos que sufre un individuo en el transcurso de su vida afectan su cuerpo físico, y disminuyen el ritmo de sus vibraciones de energía propia.

Es una condición ya aceptada que no importa cuál fuere el tratamiento: si es el adecuado, logra recuperar la frecuencia normal de las vibraciones del ser considerado, para que desaparezca esa desarmonía que produce la enfermedad.

Todos estos métodos de curación ya eran practicados en la Antigüedad y por casi todas las religiones, en los que se sanaba mediante la oración. Jesús sanaba en nombre de Dios Padre y fue sin dudas el más grande sanador o magnetizador espiritual de todos los tiempos.

El magnetizador espiritual en persona es un instrumento o puente por donde pasa la corriente que proviene del universo de Dios, y que va hacia el paciente enfermo.

Cuando el paciente enfermo participa tomando un rol activo en el proceso de sanación, esta se logra en poco tiempo.

Sea cual fuere el resultado del tratamiento, se logra en casi todos los casos cambiar la actitud de rebeldía inicial del paciente por otra de pacificación, y se trata también de canjear la angustia inicial, por la de aceptación de la situación.

Algo que casi todos los observadores, revisionistas e investigadores aceptan es que tenemos un cuerpo físico delineado por nuestra forma, condicionado por la herencia génica de nuestros familiares, que todos podemos apreciar utilizando la capacidad de los cinco sentidos.

Tenemos también un cuerpo etéreo o astral, que es la envoltura energética del cuerpo espiritual o alma y que provee de energía y de vitalidad al cuerpo físico.

Existen personas en el mundo físico que pueden visualizar el cuerpo etéreo que rodea al cuerpo de una persona, y que pueden observarlo en sus diferentes colores.

Otras personas pueden percibir sensaciones, sin poder visualizarlas, pero ellas son seres con capacidades especiales. Estas observaciones y percepciones le están vedadas a la gran mayoría de las personas.

Los magnetizadores o sanadores, tienen una capacidad que actúa a nivel de los centros energéticos del ser humano y por medio de ella logran armonizar sus vibraciones magnéticas, que cuando están en armonía, sostienen el estado de salud de las personas.

A veces estas personas sanadoras están apoyadas por la fuerza espiritual de grupos de trabajo y de oración, que ayudan a sostener la energía sanadora de los magnetizadores y su armonía interior.

Todos sus integrantes en el accionar y en la oración vierten su fuerza, sus pensamientos, su poder, su voluntad y su fe religiosa, que es el caudal de energía sanadora, que cura las almas y con frecuencia, los cuerpos de las personas enfermas.

Si estos grupos humanos fueron creados sobre sólidos cimientos de amor y de fe, logran a veces, viviendo la realidad cotidiana, que las personas del grupo miren también hacia la dirección adecuada, cuando un pedido de auxilio se produce en su entorno, confiando en que el amor real y verdadero se vivencia con los hechos de poder ayudar, cuando es preciso, a nuestros semejantes.

Epílogo

Este es el momento de algunas consideraciones y también el de preguntarnos hacia dónde nos conduce el conocer y estudiar los inquietantes hechos y las manifestaciones descriptas.

Estos fenómenos forman parte del hombre y se producen por medio de él, deben por lo tanto ser considerados como matices de su naturaleza y de alguna manera como acreedores de la mejor atención. Si los conocemos, se conocerá mejor al hombre en sus facetas interiores, así como en su espiritualidad.

Los estudiosos del tema demuestran especial interés por los acontecimientos estudiados, y algunos de ellos han tenido experiencias directas de este tipo, pero son conscientes de que estos hechos casi siempre insólitos y especiales no son fáciles de explicar y no son aceptados de manera serena.

Se arriesga entonces el expositor a no ser comprendido, o a no ser tomado con la necesaria seriedad. El temor a exteriorizar estos temas es tan significativo, que se prefiere o elige a veces declarar insano a alguien antes de poner en riesgo la propia inteligencia.

Es difícil escapar a las garras de un prejuicio, y es debido al trabajo irrenunciable de algunos científicos y estudiosos que con hábito metódico han trabajado en estos temas, que la situación actual ya presenta algunos cambios tangibles.

La actividad académica de algunos países en ámbitos universitarios, de institutos y de sociedades dedicados a investigar hechos insólitos en sus diferentes enfoques hizo que los temas se instalaran en algunas ciudades.

Aunque la comunidad científica está francamente dividida, en la opinión pública se observa un constante interés al que se atribuyen efectos positivos y también negativos, que conllevan una elevación de conocimientos.

Pero tal vez ocurre con un desmedido enfoque de lo insólito, en un mercado en el que conviven la oferta y la demanda, no siempre aconsejables para estos temas.

Las actividades desarrolladas por mediadores y sensitivos tienen un carácter espontáneo y no pueden ser repetidas a voluntad. No se pueden ofrecer a cualquier hora del día a los solicitantes, ni tampoco las percepciones exactas.

Las capacidades y los legados bien utilizados por personas serias y sin finalidad de lucro muestran casi siempre resultados concretos.

Los fenómenos van más allá del simple suceso y son referencias de una realidad trascendente a la nuestra. Tienen también el valor de abrir inesperadas y sentidas perspectivas a nuestro ser social de hoy.

Estas experiencias llevadas al escrito, cuando es posible, contribuyen al desarrollo del entendimiento y al acceso de un conocimiento más cabal del tema; que si llegan a ser interpretadas correctamente por el lector, abren nuevos horizontes que ayudan al individuo a recorrer el camino, que cada uno tiene trazado en su paso por la vida.

El propósito mayoritario de este libro fue presentar una idea de cómo viven y las tareas espirituales que realizan las personas sensitivas, cuyas vidas y obras se conocen.

Para quienes no han llegado todavía a una apertura espiritual, será muy difícil que puedan entender o aceptar las narraciones descriptas y por tanto no podrán apreciar los hechos extraordinarios que se puedan presentar en el transcurso de nuestras vidas. Uno de ellos es el privilegio de que las personas podamos recibir ayuda y orientación de los seres que forman parte de nuestra ascendencia y que nos han precedido.

Índice

Agradecimientos	7
Prefacio	9
Objetivos del libro	13
Los inicios del despertar	15
Las voces que los acompañan	19
Las imágenes que reciben	23
Las similitudes y las diferencias con los pares	27
Los seres que los visitan envían mensajes y reconfortan	31
Las presencias en reuniones	35
La aceptación de las capacidades	39
La sociedad y los mediadores	45
Los mediadores y las instituciones de salud	49

El reconocimiento temprano de los mediadores	53
El acompañamiento a otros seres	57
El lenguaje de los mediadores	61
El alma viajera de los mediadores	65
La esperanza contributiva de los mediadores	69
los mediadores deben ser protegidos	73
Los grandes desafíos de los mediadores	79
Algunas características personales	83
La persona común comparada con la mediadora	87
La visión de los mediadores	93
La impotencia de los mediadores	101
Una minoría a veces segregada	105
Los caminos del encuentro	109
Las energías, el amor y los mediadores	123
El tiempo consciente comparado con el tiempo inconsciente	127
Reconociendo a los mediadores	133
Comentarios de los expertos en parafenómenos	153

Las posibilidades de la mente libre   161

Los contactos intermentales   169

**La profundización sobre sí mismos
de los sensitivos**   181

**Los sueños de las personas
con capacidad mediúmnica**   197

**Las observaciones de los fenómenos
no explicables, que son genuinos**   229

Epílogo   245

Editorial LibrosEnRed

LibrosEnRed es la Editorial Digital más completa en idioma español. Desde junio de 2000 trabajamos en la edición y venta de libros digitales e impresos bajo demanda.

Nuestra misión es facilitar a todos los autores la edición de sus obras y ofrecer a los lectores acceso rápido y económico a libros de todo tipo.

Editamos novelas, cuentos, poesías, tesis, investigaciones, manuales, monografías y toda variedad de contenidos. Brindamos la posibilidad de comercializar las obras desde Internet para millones de potenciales lectores. De este modo, intentamos fortalecer la difusión de los autores que escriben en español.

Ingrese a www.librosenred.com y conozca nuestro catálogo, compuesto por cientos de títulos clásicos y de autores contemporáneos.

www.ingramcontent.com/pod-product-compliance
Lightning Source LLC
Chambersburg PA
CBHW020751160426
43192CB00006B/306